企业高技能人才职业培训系列教材

变电检修工(城轨)

BIANDIANJIANXIUGONG(CHENGGUI)(四级)

编审委员会

主　　任　仇朝东

委　　员　顾卫东　葛恒双　葛　玮　孙兴旺　刘汉成

执行委员　孙兴旺　瞿伟洁　李　晔　夏　莹　叶华平　李　益　杜晓红

主　　编　徐　凯

编　　者　（按姓氏笔画排序）

陈一鸣　吴文静　黄志明

主　　审　达世鹏

中国劳动社会保障出版社

图书在版编目（CIP）数据

变电检修工：城轨：四级/人力资源和社会保障部教材办公室等组织编写. —北京：中国劳动社会保障出版社，2015
企业高技能人才职业培训系列教材
ISBN 978－7－5167－1725－7

Ⅰ.①变…　Ⅱ.①人…　Ⅲ.①城市铁路－变电所－检修－职业培训－教材　Ⅳ.①U239.5

中国版本图书馆 CIP 数据核字（2015）第 047989 号

中国劳动社会保障出版社出版发行
（北京市惠新东街 1 号　邮政编码：100029）
*
北京北苑印刷有限责任公司印刷装订　新华书店经销
787 毫米×1092 毫米　16 开本　10.25 印张　176 千字
2015 年 3 月第 1 版　　2015 年 3 月第 1 次印刷
定价：24.00 元
读者服务部电话：(010) 64929211/64921644/84643933
发行部电话：(010) 64961894
出版社网址：http：//www.class.com.cn

内容简介

本教材由人力资源和社会保障部教材办公室、中国就业培训技术指导中心上海分中心、上海市职业技能鉴定中心、上海申通地铁集团有限公司轨道交通培训中心依据变电检修工（城轨）（四级）职业技能鉴定细目组织编写。教材从强化培养操作技能，掌握实用技术的角度出发，较好地体现了当前最新的实用知识与操作技术，对于提高从业人员基本素质，掌握变电检修工（城轨）（四级）的核心知识与技能有直接的帮助和指导作用。

本教材既注重理论知识的掌握，又突出操作技能的培养，实现了培训教育与职业技能鉴定考核的有效对接，形成一套完整的变电检修工（城轨）培训体系。本教材内容共分为5章，主要包括：城轨供电系统、城轨供电系统主要设备、继电保护、变电所交直流系统、电气试验等。

本教材可作为变电检修工（城轨）（四级）职业技能培训与鉴定考核教材，也可供本职业从业人员培训使用，全国中、高等职业技术院校相关专业师生也可以参考使用。

前言

企业技能人才是我国人才队伍的重要组成部分，是推动经济社会发展的重要力量。加强企业技能人才队伍建设，是增强企业核心竞争力、推动产业转型升级和提升企业创新能力的内在要求，是加快经济发展方式转变、促进产业结构调整的有效手段，是劳动者实现素质就业、稳定就业、体面就业的重要途径，也是深入实施人才强国战略和科教兴国战略、建设人力资源强国的重要内容。

国务院办公厅在《关于加强企业技能人才队伍建设的意见》中指出，当前和今后一个时期，企业技能人才队伍建设的主要任务是：充分发挥企业主体作用，健全企业职工培训制度，完善企业技能人才培养、评价和激励的政策措施，建设技能精湛、素质优良、结构合理的企业技能人才队伍，在企业中初步形成初级、中级、高级技能劳动者队伍梯次发展和比例结构基本合理的格局，使技能人才规模、结构、素质更好地满足产业结构优化升级和企业发展需求。

高技能人才是企业技术工人队伍的核心骨干和优秀代表，在加快产业优化升级、推动技术创新和科技成果转化等方面具有不可替代的重要作用。为促进高技能人才培训、评价、使用、激励等各项工作的开展，上海市人力资源和社会保障局在推进企业高技能人才培训资源优化配置、完善高技能人才考核评价体系等方面做了积极的探索和尝试，积累了丰富而宝贵的经验。企业高技能人才培养的主要目标是三级（高级）、二级（技师）、一级（高级技师）等，考虑到企业高技能人才培养的实际情况，除一部分在岗培养并已达到高技能人才水平外，还有较大一批人员需要从基础技能水平培养起。为此，上海市将企业特有职业的五级（初级）、四级（中级）作为高技能人才培养的基础阶段一并列入企业高技能人才培养评价工作的总体框架内，以此进一步加大企业高技能人才培养工作力度，提高企业高技能人才培养效果，更好地实现高技能人才培养的总体目标。

为配合上海市企业高技能人才培养评价工作的开展，人力资源和社会保障部教材办公室、中国就业培训技术指导中心上海分中心、上海市职业技能鉴定中心联合组织有关行业和企业的专家、技术人员，共同编写了企业高技能人才职业培训系列教材。本教材是系列教材中的一种，由上海申通地铁集团有限公司轨道交通培训中心负责具体编写工作。

企业高技能人才职业培训系列教材聘请上海市相关行业和企业的专家参与教材编审工作，以“能力本位”为指导思想，以先进性、实用性、适用性为编写原则，内容涵盖该职业的职业功能、工作内容的技能要求和专业知识要求，并结合企业生产和技能人才培养的实际需求，充分反映了当前从事职业活动所需要的核心知识与技能。教材可为全国其他省、市、自治区开展企业高技能人才培养工作，以及相关职业培训和鉴定考核提供借鉴或参考。

新教材的编写是一项探索性工作，由于时间紧迫，不足之处在所难免，欢迎各使用单位及个人对教材提出宝贵意见和建议，以便教材修订时补充更正。

企业高技能人才职业培训系列教材

编审委员会

目录

第3章 继电保护

第4章 变电所交直流系统

第5章 电气试验

第 1 章

城轨供电系统

学习完本章的内容后，您能够：

- ☑ 了解电力系统的中性点接地及接地系统方式
- ☑ 掌握电力系统及其额定电压
- ☑ 了解城轨供电系统各电压等级概念
- ☑ 掌握各电压等级系统接线方式

知识要求

1.1　电力系统基本知识

1.1.1　电力系统的中性点

电力系统中性点（主要是指发电机和主变压器的中性点）接地的运行方式一般分两大类：中性点不接地系统和中性点直接接地系统。其中，中性点接地系统又可分为中性点经消弧线圈接地系统和中性点经接地电阻接地系统，以及中性点不接地系统，通常称为小电流接地系统。中性点直接接地系统称为大电流接地系统。我国 3 ~ 10 kV 供电系统大多采取中性点不接地的运行方式，允许其单项接地时继续运行 2 h，以提高供电的可靠性。电力行业标准《交流电气装置的接地》（DL/T 621—1997）规定：3 ~ 60 kV 供电系统，当单相接地电流大于 30 A；20 kV 以上电网中，接地电流大于 10 A，则采取中性点经消弧线圈接地的运行方式。110 kV 及以上的系统，一般采取中性点直接接地的运行方式。对于 380/220 V 低压配电网络，为得到两个不同的电压级也采取中性点直接接地的三相四线制。

对于电网系统的设备来说其中性点的运行方式不同，技术特性和工作条件也不同。这样对整个电网系统运行的可靠性及其设备的绝缘和继电保护也提出了不同的要求。这是一个影响经济和技术并由各方面因素决定的综合性问题，下面分别进行讨论。

1. 中性点不接地系统

我国 3 ~ 10 kV 供电系统大多采用中性点不接地的运行方式。这主要是因为电压等级不高，单相接地时，虽然非故障相电压升高到$\sqrt{3}$倍，而设备的绝缘是根据系统的线电压设计的，对设备绝缘影响不大。单相接地时，系统可以允许继续运行 2 h，这就为查找故障赢得了时间，大大提高了供电的可靠性。系统的故障 70% 以上是接地故障，对线路损害主要是由接地点的电容电流造成的。

正常运行时，三相系统是对称的，用 $\dot{I}_{CA}$、$\dot{I}_{CB}$、$\dot{I}_{CC}$表示各相对地电容电流，$\dot{I}_{C0}$表示对地总的电容电流，同时，不考虑相间电容，电路图如图 1—1a 所示。

（1）系统正常运行。系统正常运行时，理想情况下，负荷是对称的。那么三相电压 $\dot{U}_A$、$\dot{U}_B$、$\dot{U}_C$ 是对称的，中性点的电位为零。各相对地电容电流也是对称的（各相对地的电容是相等的），即 $\dot{I}_{CA}=\dot{I}_{CB}=\dot{I}_{CC}=\dot{I}_{C0}=0$。如图 1—1b 所示为 A 相的电流相量图；电容电流相量图如图 1—1c 所示。

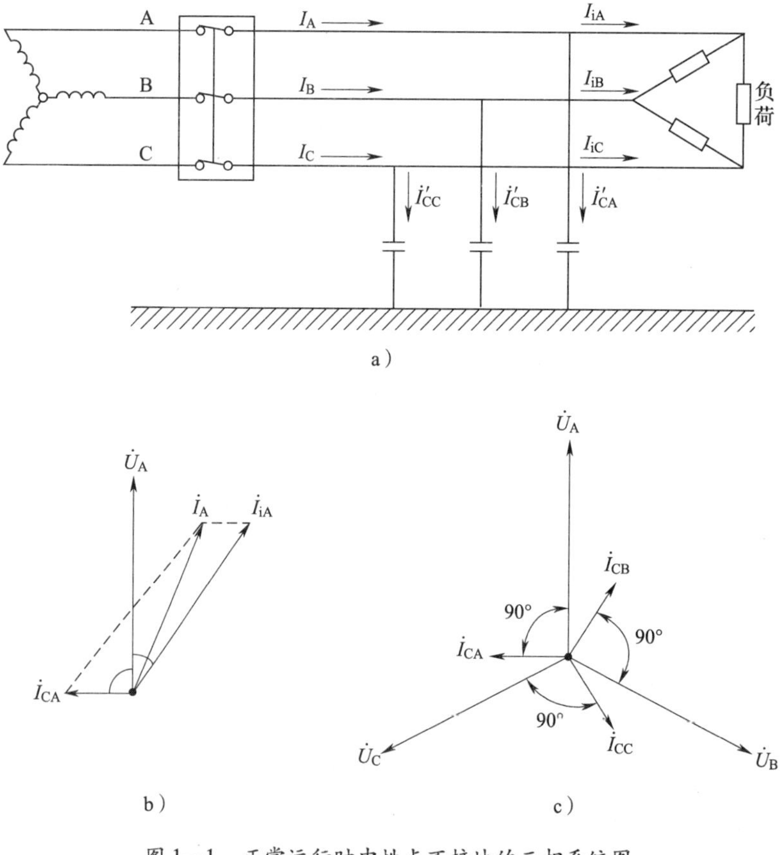

图 1—1　正常运行时中性点不接地的三相系统图

a）电路图　b）A 相的电流相量图　c）电容电流相量图

（2）系统发生单相接地故障。当任何一相（如C相）绝缘受到破坏而接地时的电路图如图1—2a所示。此时，C相对地的电压变为零，中性点电位偏移，未发生故障的两相对地的电压升高到$\sqrt{3}$倍，即变为线电压。C相发生完全接地时的相量图如图1—2b所示。由图1—2可以确定各相对地的电压$\dot{U}'_A$、$\dot{U}'_B$、$\dot{U}'_C$的大小和方向。

$$\dot{U}'_A = \dot{U}_A + (-\dot{U}_C) = \dot{U}_A - \dot{U}_C = \dot{U}_{AC}$$

$$\dot{U}'_B = \dot{U}_B + (-\dot{U}_C) = \dot{U}_B - \dot{U}_C = \dot{U}_{BC}$$

$$\dot{U}'_C = \dot{U}_C + (-\dot{U}_C) = 0$$

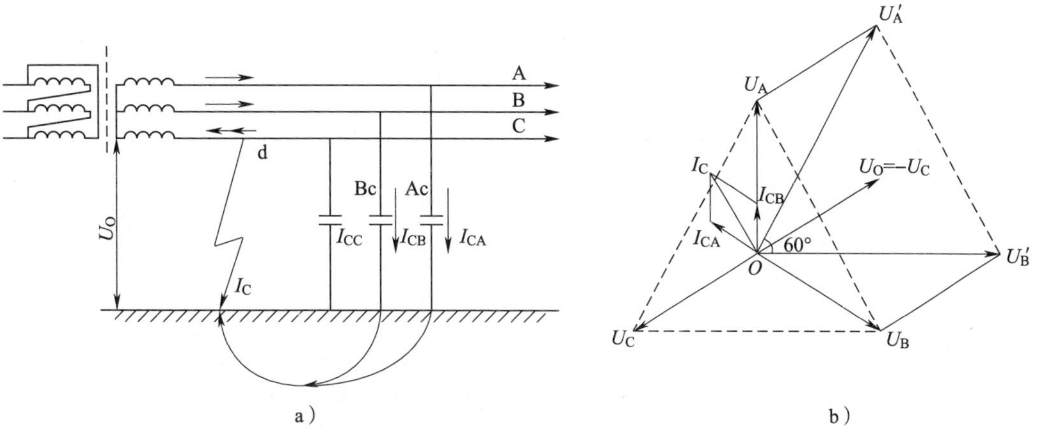

图1—2　C相接地时中性点不接地的三相系统图

a）接线图　b）相量图

从图1—2b可以确定，$|\dot{U}'_A| = |\dot{U}'_B| = \sqrt{3}|\dot{U}_A|$，$\dot{U}'_A$和$\dot{U}'_B$之间的夹角为60°，A、B两相对地电压值升高到$\sqrt{3}$倍。这样其对地电容上所加的电压也升高到$\sqrt{3}$倍。所以，对地电容电流也较正常时的电容电流$\dot{I}_{C0}$升高到$\sqrt{3}$倍。根据图中可确定非故障相对地的电容电流，而C相对地的电容电流为零，因C相对地的电容被短路了。

设电流的正方向是由电源到电网，则可得出通过C相接地点的电流（简称接地电流）$\dot{I}_C = -(\dot{I}'_{CA} + \dot{I}'_{CB})$、$\dot{I}'_{CA} = \dot{I}'_{CB} = \sqrt{3}\dot{I}_{CA} = \sqrt{3}\dot{I}_{CB} = \sqrt{3}\dot{I}_{C0}$，由于$\dot{I}'_{CA}$和$\dot{I}'_{CB}$是电容电流，故分别超前$\dot{U}'_A$和$U'_B$90°，因而$\dot{I}'_{CA}$、$\dot{I}'_{CB}$两电流之间的夹角也是60°，将它们相加即得$-\dot{I}_C$。C相接地电流$\dot{I}_C$为电容电流，故$\dot{I}_C$超前电压$\dot{U}_C$90°。由向量图可得：

$$I_C = \sqrt{3}I'_{CA} = \sqrt{3}I'_{CB}$$

$$I'_{CA} = I'_{CB} = \sqrt{3}I_{C0}$$

所以

$$\dot{I}_{C}=3\dot{I}_{C0} \qquad 式（1—1）$$

由式（1—1）可知，单相接地电流等于正常时一相对地电容电流的3倍。

若已知每相的对地电容C，则可得到：

$$I_{C0}=\frac{U_{\varphi}}{X_{C}}$$

因为

$$X_{C}=\frac{1}{\omega C}\times 10^{-3}$$

所以

$$I_{C}=3I_{C0}=3U_{\varphi}\omega C$$

式中 U_{φ}——正常运行时的相电压，kV；

ω——角频率，Hz；

C——相对地的电容，F；

X_{C}——对地电容的容抗，kΩ。

因此，接地电流 $\dot{I}_{C}$ 的值与网络的电压、频率和每相对地的电容有关，而每相对地的电容与电网的结构（电缆、架空线）和线路的长度有关。在实用中，接地电流可近似用下式计算：

架空线路 $$I_{C}=\frac{Ul}{350}$$

电缆线路 $$I_{C}=\frac{Ul}{10}$$

式中 U——电网的线电压，kV；

l——线路长度，km；

I_{C}——接地电流，A。

非金属性接地（包括经过一定电阻或消弧线圈接地）：接地相对地的电压大于零而小于相电压，非接地相对地的电压则大于相电压而小于线电压。

由前面分析可知，在中性点不接地的系统中发生单相接地时，网络非故障相线电压的大小和相位差仍维持不变，在这种系统中相对地的绝缘水平是根据线电压设计的，虽然未故障相的相电压会升高到$\sqrt{3}$倍，但对设备的绝缘没有多大影响。因而中性点不接地系统在发生单相接地时，可以继续运行。但是，不允许长期运行，因为长期运行时可能引起未故障相绝缘薄弱的地方损坏而造成相间短路。为此，在这种系统中，一般都装设专门的绝缘监察装置，以监视有无接地故障发生。中性点不接地系统中发生单相接地时，按规定一般允许暂时继续运行不超过2 h。

2. 中性点直接接地系统

将系统的中性点直接接地也是防止单相接地时产生间歇电弧过电压的一种方法，如图1—3所示。由于单相短路电流很大，因而零序保护灵敏，继电保护装置能可靠动作，将接地的线路切除，使系统的其他部分恢复正常运行。这样在发生单相接地时，就不会产生间歇电弧。同时，因中性点电位为接地体所固定，非故障相对地的电压不升高，因而各相对地的绝缘水平只需按相电压考虑，这就降低了设备对绝缘的要求。设备的绝缘要求降低，实际就降低了高压电气设备的造价。因此，110 kV以上的超高压系统一般采取中性点直接接地的方式。

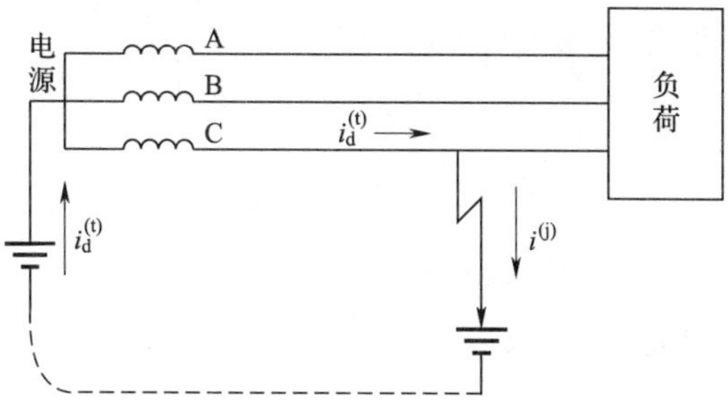

图1—3　中性点直接接地系统

中性点直接接地系统的缺点如下：

第一，中性点直接接地系统单相接地时，短路电流值很大，故障去除前将引起电压降低，会影响系统的稳定。另外，强大的短路电流导体周围形成较强的单相磁场，使邻近的电子设备受到干扰，如城轨交通的信号和通信设备。因此，在大容量的电力系统中，为了减小单相短路电流，也有采用中性点经电抗器接地的（这样可限制单相短路电流值，不过却损失了部分零序保护的灵敏度）。

第二，中性点直接接地系统在发生单相接地时，由于必须断开故障线路，用户供电不得不中断。为了克服这一缺点，提高供电的可靠性，在中性点直接接地系统中，普遍装设了自动重合闸装置（ZCH）。当发生单相接地故障时，在继电保护的作用下断路器自动断开，经一定延时后再自动重合，若故障消除，用户供电即可得到恢复。如果单相接地为永久性的，则继电保护将再次断开断路器，这样供电设备还要遭受二次故障电流的损害。对于重要的一类负荷，为保证不间断供电，应另装设备用电源。

3. 变压器中性点不接地系统的优缺点

（1）优点。采用变压器中性点不接地系统，由于限制了单相接地电流，对通信的干扰较小；另外，单相接地可以运行一段时间，提高了供电的可靠性。

（2）缺点。采用变压器中性点不接地系统，当一相接地时，另两相对地电压升高到$\sqrt{3}$倍，易产生间隙性电弧，将绝缘薄弱的地方击穿，从而造成两相接地短路。

4. 电流中性点接地系统的优缺点

（1）优点。对电源中性点接地系统，若发生某单相接地，另两相电压不升高，这样可使整个系统绝缘水平降低。另外，单相接地会产生较大的短路电流，从而使保护装置（继电器、熔断器等）迅速准确地动作，提高了保护的可靠性。

（2）缺点。对电源中性点接地系统，由于单相短路电流很大，开关及电气设备等要选择较大容量，并且还能造成系统不稳定和干扰通信线路等。

1.1.2 电力系统及其额定电压

1. 电力系统的额定电压

电力系统的额定电压是指系统中所有电气设备都在这一指定电压下工作的电压，电气设备在此电压下工作，将具有最好的技术和经济效果。

我国制定的三相交流电 3 kV 及以上电气设备与系统的额定电压值见表 1—1。

表 1—1 额定电压值

系统额定线电压/kV	供电设备额定线电压/kV	变压器额定线电压/kV	
		一次绕组	二次绕组
3	3.15*	3 及 3.15	3.15 及 3.3
6	6.3	6 及 6.3	36 及 6.6
10	10.5	10 及 10.5	10.5 及 11
	13.8*	13.8	—
	15.75*	15.75	—
	18*	18	—
	20*	20	—
35	—	35	38.5
110	—	110	121
220	—	220	242
330	—	330	363
500	—	500	

注：带 * 号的数字为发电机专用。

2. 电网的额定电压

从表1—1中可以看到，同一电压级别下，各种设备的额定电压并不完全相等，为了使各种相互连接的电气设备都能运行在较有利的电压下，各电气设备的额定电压之间存在相互配合的问题。因此，使电力线路的额定电压和系统的额定电压相等，把它称作电网的额定电压。

3. 电气设备的额定电压

所谓额定电压就是电气备能够长时间工作最适合的电压。此时，电气设备中的元器件都工作在最佳状态，只有工作在最佳状态时，电气设备的性能才能比较稳定地发挥，电气设备的使用寿命才能延长。

变压器的额定电压较为复杂，一次绕组与系统的额定电压相同，二次绕组比系统的额定电压高10%，如果变压器的短路阻抗小于7%或直接与用户连接时，则规定二次绕组额定电压比系统的额定电压高5%。

1.2 城轨交通供电系统

1.2.1 110 kV供电系统

1. 110 kV主接线的要求

变电所的电气主接线是由特定符号表示的各种电气设备及其连线和母线所组成的输送和分配电能的电路，主接线图通常也称为一次接线图。

主接线的确定对变电所电气设备的选择、继电保护装置的配置以及运行的可靠性和经济性有着重要的影响。

对主接线的基本要求如下：

(1) 根据上级电网结构和用户的要求，应保证供电的可靠性和电能质量。

(2) 接线应力求精简、明晰，调度和操作方便。无多余的设备，同时可以减少操作次数，避免发生误操作。

(3) 倒闸操作方便，能保障工作人员以及设备安全。

(4) 检修维护方便，能保障检修工作安全进行。

(5) 应使接线的投资和运行的费用最经济，具备扩建的可能。

2. 110 kV 主接线方式

（1）桥式接线。当只有两台变压器和两条线路时，可采用桥式接线。桥式接线按照连接桥的位置可分为内桥式接线（见图1—4）和外桥式接线（见图1—5）。

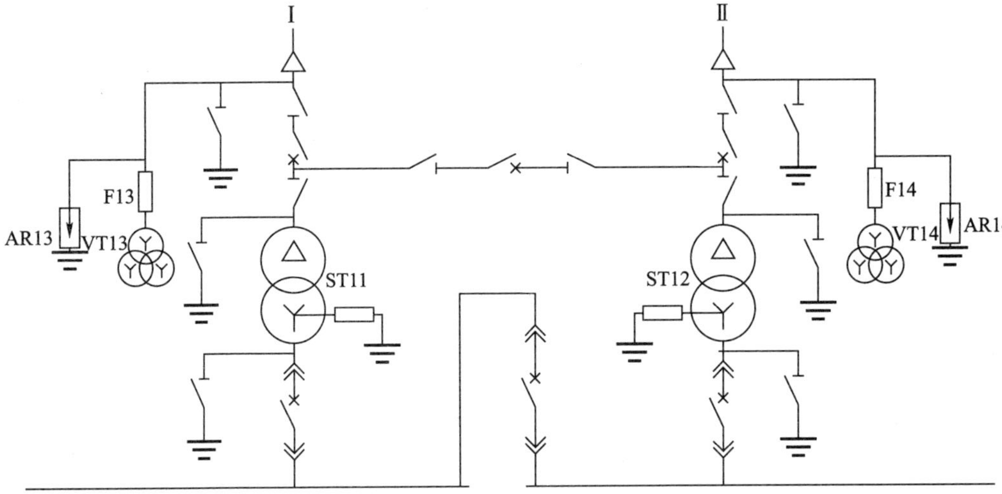

图1—4　内桥式接线

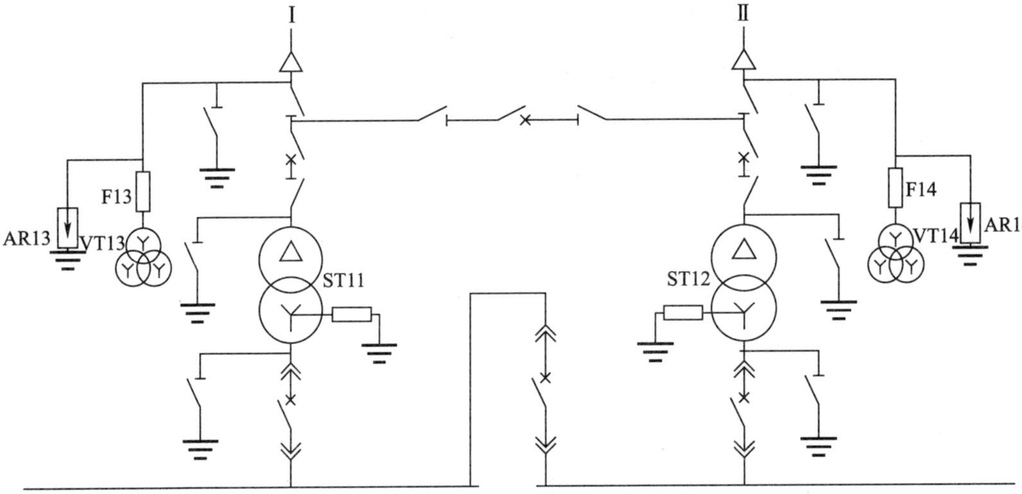

图1—5　外桥式接线

内桥式接线的连接桥设在变压器侧，连接桥上设有断路器。内桥式接线的特点是两台断路器（103 和 104 动力变 35 kV 进线开关）接在进线电源线路上，因此，进线电源线路的切除和投入比较方便。当线路发生短路故障时，仅故障线路（虹宁Ⅰ或虹宁Ⅱ）的断路器断开，非故障线路仍可继续工作。但是当变压器（如 1#变压器）故障时，与1#变压器连接的两台断路器（103 和 100）都将断开，1#变压器所辖负荷将失电，此时可以合上 303 10 kV 分段开关，恢复 1#变压器所辖负荷。断开 1#变压器侧闸刀后，合上Ⅰ路（虹宁Ⅰ）进线断路器，100 35 kV 联络开关打开，Ⅰ路（虹宁Ⅰ）电源仍可作为Ⅱ路（虹宁Ⅱ）进线的后备。此外，这种接线切除和投入变压器时，操作比较复杂。如切除 1#变压器时，必须先断开 103 1#动力变 35 kV 开关和 10 kV 开关，然后再断开 1#动力变 35 kV 隔离闸刀。所以内桥式接线适用于故障较多的长线路和变压器不需要经常切换的运行方式。

外桥式接线的特点与内桥式相反。当 1#动力变压器发生故障或运行中需要切除时，只要断开 103 1#动力变 35 kV 进线开关即可，并不影响Ⅱ段的工作。但当Ⅰ路进线故障，则 103 1#动力变 35 kV 进线开关要断开，100 35 kV 联络开关应在断开状态，1#动力变压器也将被切除。为了恢复 1#变压器的正常运行，必须在断开Ⅰ路线路隔离闸刀后，再接通 103 1#动力变 35 kV 进线开关和 100 35 kV 联络开关。因此，外桥式接线适用于线路较短和变压器按经济运行需要经常切换的情况。此外，当电力系统有穿越性功率经过变电所时，也应采用外桥式接线，这时穿越性功率仅经过 100 35 kV 联络开关；若采用内桥式接线时，则穿越性功率将经过三台断路器，其中任一台断路器故障或检修时，将影响穿越功率的传送。又如两条引出线接入环形电网时，也应采用外桥式接线，使环形电网的断开机会减少。

桥式接线的优点是工作可靠、灵活，使用的电器少，装置简单、清晰，建造费用低。当配电装置建造初期负载较小、出线数目不多时，宜采用桥式接线。随着负载逐步增大，出线数增多时，则可逐步发展为单母线分段或双母线接线。

（2）线路变压器组的接线（见图 1—6）。线路变压器组接线就是线路和变压器直接相连，是一种最简单的接线方式，其特点一是设备少、投资省、操作简便、易于扩建，但灵活性和可靠性不及桥式接线；二是线路和变压器可以看成一个元件，速断保护可以按照躲开变压器低压侧线路出口处的短路来整定，由于变压器的阻抗一般较大，因此，短路点的电流就大大减小，这样整定之后，电流速断就可以保护线路全长。

3. 110 kV 主接线类别

110 kV 主接线通常有三种接线方式：

（1）内桥接线方式。此种接线方式供电灵活性较好，两路电源互为备用。当一路电源故障退出运行时，可以通过桥断路器，实现另一路电源同时供两台变压器。

（2）线路变压器组接线方式。此种接线方式供电灵活性比内桥接线方式稍差。当一路电源故障退出运行时，另一路电源则能继续供给主变电站原供电区域中的负荷。

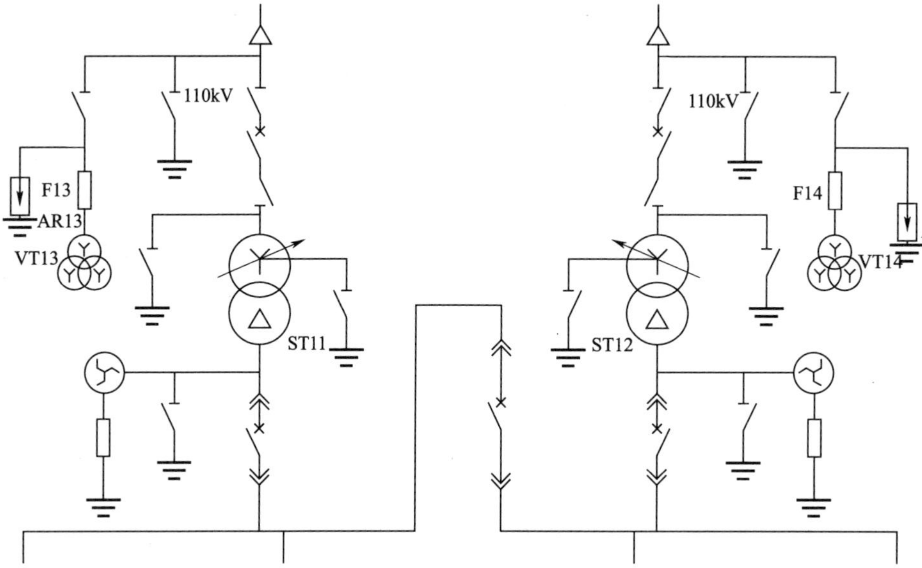

图 1—6 线路变压器组的接线图

（3）环进环出线路变压器组接线方式（见图 1—7）。此种接线方式兼顾了地区高压配电作用，有利于城市电网电源与电源之间的联络，提高了地区电网可靠性，但增加了主变电站工程的投资。

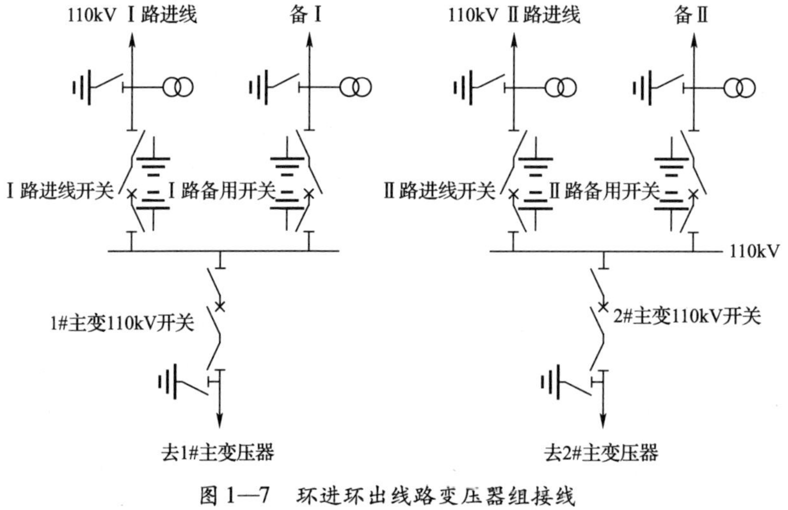

图 1—7 环进环出线路变压器组接线

因为进线和联络开关相当于市电网在本站的延伸，于是变压器开关相当于直接和市电网线路连接，故称这种接线方式为环进环出线路变压器组接线方式，实际上是线路变压器组接线方式的一种。这种接线方式高压侧与线路变压器组接线方式相比多了环进环出开关，虽然用的电气设备较多，但留出了发展的空间。

如果上级变电所的馈线继电保护范围延伸至本线路及降压变压器低压侧时，允许在变压器的高压侧只装隔离开关。如果变电所中短路电流不超过高压熔断器的遮断容量时，允许采用高压熔断器来保护主变压器。但是当变压器故障或检修时，整个线路必须停止工作，而环进环出线路变压器组接线方式可避免这样的情况，只需断开变压器开关即可。环进环出线路也可以满足电力系统有穿越性功率经过环进环出开关。这些是环进环出线路变压器组接线方式的优越性。

4. 110 kV 主接线作用

主变电所（简称主变）是将城市电网供给的 110 kV 三相交流电降压至 35 kV，配送到轨道交通沿线的各个牵引变电所和降压变电所。它为轨道交通所有负荷供电，是供电源头。一旦其因故失电，将直接影响一、二级负荷的供电。即使恢复供电后，也可能因主变运行方式的变化，使其供电的可靠性降低。主变电所必须具备很高的供电可靠性，每座一般都设有两路以上的进线电源。每条线路一般设有两座及以上主变电所，可以相互支援，互为备用。

1.2.2 35 kV 降压供电系统

1. 35 kV 中心变电站接线

35 kV 中心变电站为线路变压器组接线（见图 1—8），是从主变电站的 35 kV Ⅰ/Ⅱ段

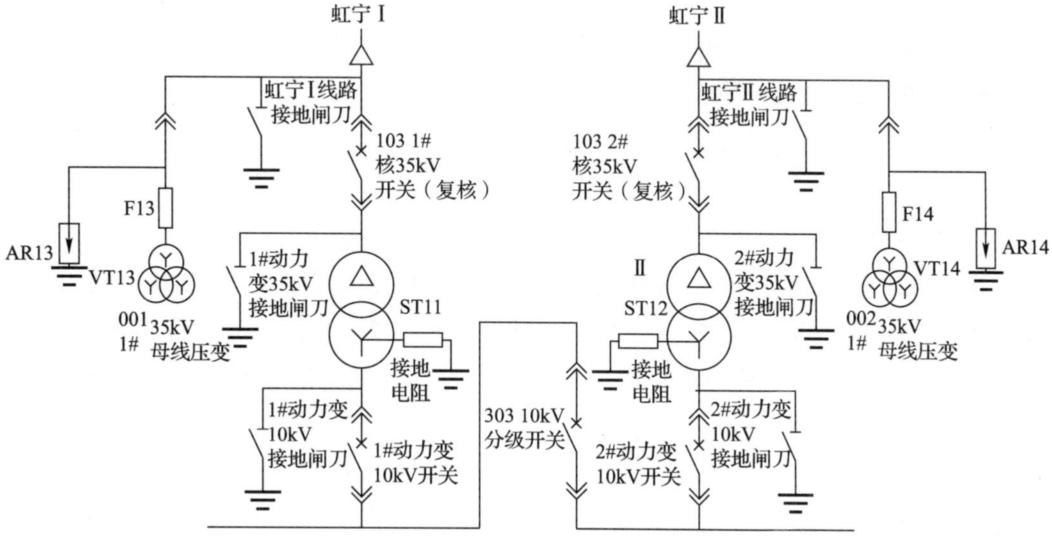

图 1—8　35 kV 中心变电站接线

母线上各引入一路电源构成线路变压器组接线方式，35 kV Ⅰ/Ⅱ路电源经动力变降压至10 kV，供给10 kV Ⅰ/Ⅱ段母线，并和各降压站10 kV侧构成10 kV环网供电系统。

2. 中心降压变电站的作用

通常一条轨交线有两座以上的中心降压变电站，有些和主变电站设在一起，有些沿轨交线均匀分布。中心降压站从主变电站Ⅰ/Ⅱ段母线上分别接入两路电源，经动力变压器降压至10 kV，再配送给沿线的降压站。配送的方式有两种，一种是从中心降压站10 kV Ⅰ/Ⅱ段母线上分别馈出，配送至降压变电站。另一种是从中心降压变电站10 kV Ⅰ/Ⅱ母线上分别馈出至最近一个降压变电站，然后再由降压站10 kV Ⅰ/Ⅱ段母线在分别馈出至相邻降压站，由此方式重复不断直至最后一个降压变电站。一个中心降压变电站承担全线1/2—1/3降压站的负荷供给。

当中心降压变电站的35 kV Ⅰ路或Ⅱ路电源失电，中心降压变电站的10 kV分段断路器就会自动合上，保证失电母线的供电。

3. 10 kV 降压变电站的接线

10 kV降压变电站的接线是在单母线的基础上将母线分为两段，由分段开关进行连接，称为单母线分段接线。Ⅰ/Ⅱ段母线上分别接10 kV进线、馈出线和电力变开关。当其中一段母线或分段开关小车需要清扫、维修时，可以拉开分段开关，摇出分段开关小车至检修位置，则另一段母线仍可照常工作。如果有一段母线发生故障，继电保护装置可迅速跳开10 kV电力变开关和故障母线上的电源开关，而没有故障的一段母线仍能继续工作。这样可具有很高的供电可靠性。

目前，有些城轨降压变电站10 kV分段开关的自切功能正常运行时一般都是退出的。降压变电站的接线如图1—9所示。

1.2.3 牵引供电系统

1. 牵引变电所的作用

城市轨道交通电动列车采用直流驱动，经由接触网或接触轨获得电源。由于主变电所输出的是35 kV交流电，因此，需要将交流电经降压、整流变换成适合列车使用的直流电源。为电动列车提供电源而进行降压、整流的场所就是牵引变电所（简称牵变）。

牵引变电所需根据线路条件、车站位置、区间长短、运营组织、列车类型等各种因素综合考虑，在合适的位置设置数量合理的牵引变电所。当其中一座牵引变电所解列时，可以通过大双边供电，确保列车运行的可靠供电。

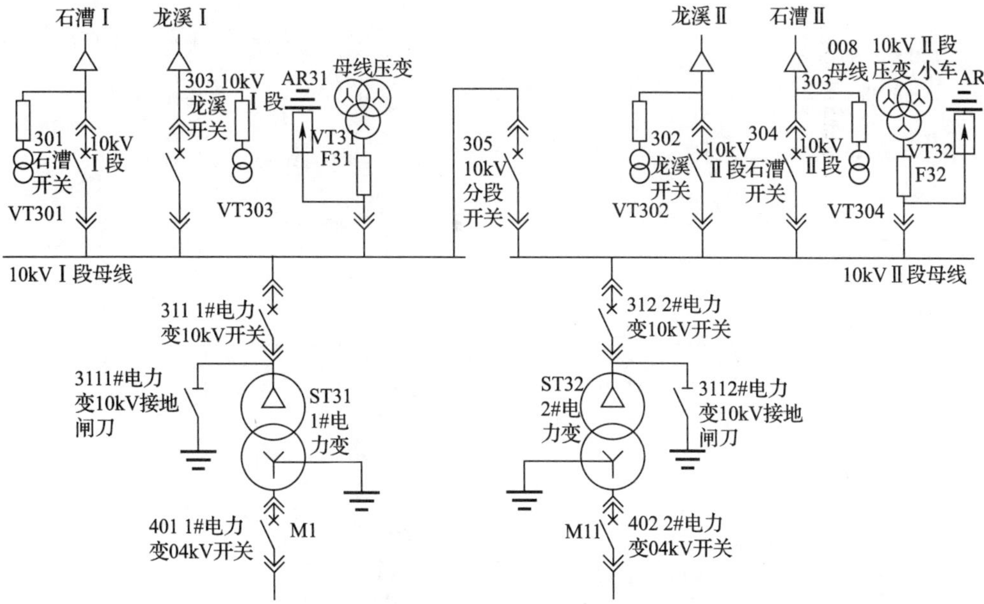

图 1—9　降压变电站的接线

2．牵引变电站 35 kV 接线

牵引变电站 35 kV 接线方式如图 1—10 所示。城轨牵引变电站的 35 kV 接线为单母线接线方式，从图 1—10 中可以看出母线上有 35 kV 进线和联络开关各一台，两台整流变开关，这样的接线方式结构清晰、简单，倒闸操作方便，节省投资。图 1—10a 和图 1—10b 的区别是，前者 35 kV 开关是安装式的，后者是小车式的。前者维修开关时要将母线和线路改为检修状态，而后者只需将开关小车拉至仓外检修位置即可对开关进行检修。

3．回流电缆与回流箱

牵引回流系统由走行轨、负回流电缆和均流电缆等构成。列车电流进入走行轨后将通过负回流电缆回流至牵引变电所负母线。负回流电缆一般采用多根截面积为 150 mm^2的直流铜芯软电缆，引至回流电缆转换箱，然后用多根截面积为 400 mm^2的直流铜芯软电缆引至牵引变电所负母线。

4．牵引回流的接线方式与轨道电路的关系

钢轨不仅是回流系统的一部分，同时也是轨道电路的一部分。目前，有很多车辆运行时的检测和控制是通过轨道电路实现的（如上海的 1、2、3 号线）。如果将回流电缆直接与钢轨连接，就会破坏轨道电路，将一部分轨道信号旁路掉，造成车辆控制故障，影响正常运行。所以牵引回流的接线方式不仅要使得回流电流的畅通，而且还要保证轨道信号不被旁路掉。为了防止不同电路间的相互干扰，对信号轨道电路有特殊安排。

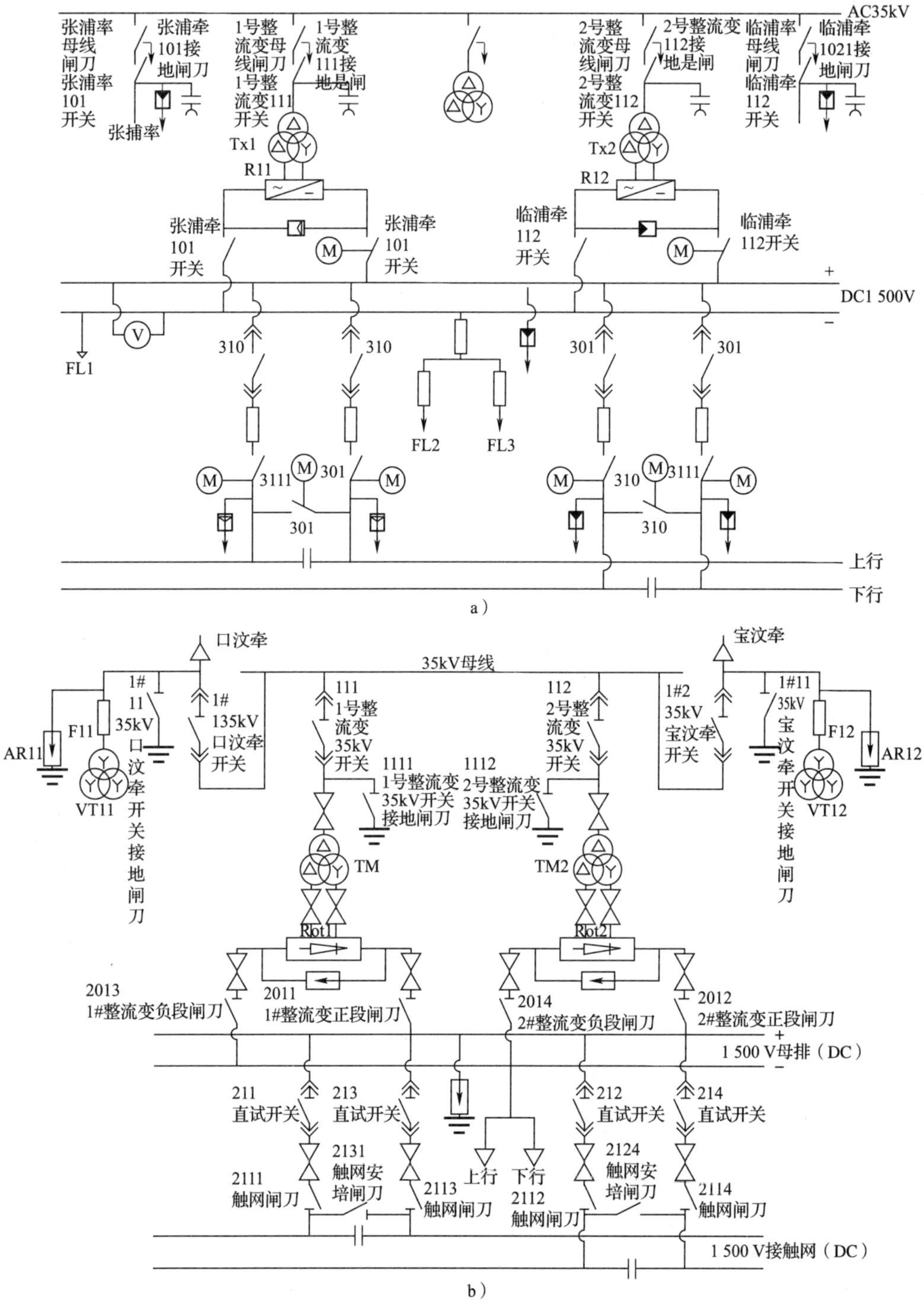

图 1—10　牵引变电站 35 kV 接线方式

（1）采用不同电流制或不同电流频率。对于直流电气化铁道，信号轨道电路可采用交流电源。

（2）在两根钢轨之间设置均流线和阻抗棒。牵引回流通过阻抗棒及中点连线可在钢轨中顺利流通。由于牵引回流在阻抗棒上下两部分产生的磁势是互相抵消的，因此，轨道中的牵引回流不会影响信号轨道电路的正常工作。

（3）牵引回流的引出线包括将轨道牵引回流引回牵引变电所的回流线，必须在信号阻抗棒中点连接。

5. 牵引回流系统各元件在回流中的作用

（1）钢轨：回流电流的载体。

（2）阻抗棒：阻止流经轨道上的高频信号被旁路掉，确保直流回流电流畅通。

（3）均流线：均衡两根钢轨之间的电位和电流，确保轨道信号不被干扰。

（4）回流线：从阻抗棒的中点引出，与回流箱连接，作为回流电流的载体。

（5）回流箱：通过汇流排与各个回流线连接，并与回流电缆转接。

（6）回流电缆：将回流电流引入牵引站整流器负极。

6. 轨道电路

以一段铁路线路的钢轨为导体构成的电路，用于自动、连续检测这段线路是否被机车车辆占用，也用于控制信号装置或转辙装置，以保证行车设备的安全，这样的电路被称为轨道电路。它是利用轨道作为区间信号自动控制的电路。轨道电路又是重要的室外信号联锁设备，它能监督检查某一固定区段内的线路（包括站线）是否有列车运行、调车作业或车辆占用的情况，并能显示该区段内的钢轨是否完整。

1.2.4 10 kV降压供电系统

1. 降压变电站10 kV母线接线

降压站是从主变站或中心降压站的10 kV Ⅰ/Ⅱ段母线上各引入一路电源构成单母线分段接线方式，10 kV Ⅰ/Ⅱ段母线上各有一进线和联络开关，每段母线电源采用环进环出接线方式，和其他的降压站构成10 kV环网。降压变电站10 kV和0.4 kV侧采用单母线分段接线，由城市轨道供电10 kV系统网络中接引两路电源，分别引入至两段母线，两台配电变压器，分别接在高压侧两段母线上。降压变电站10 kV母线接线如图1—11所示。

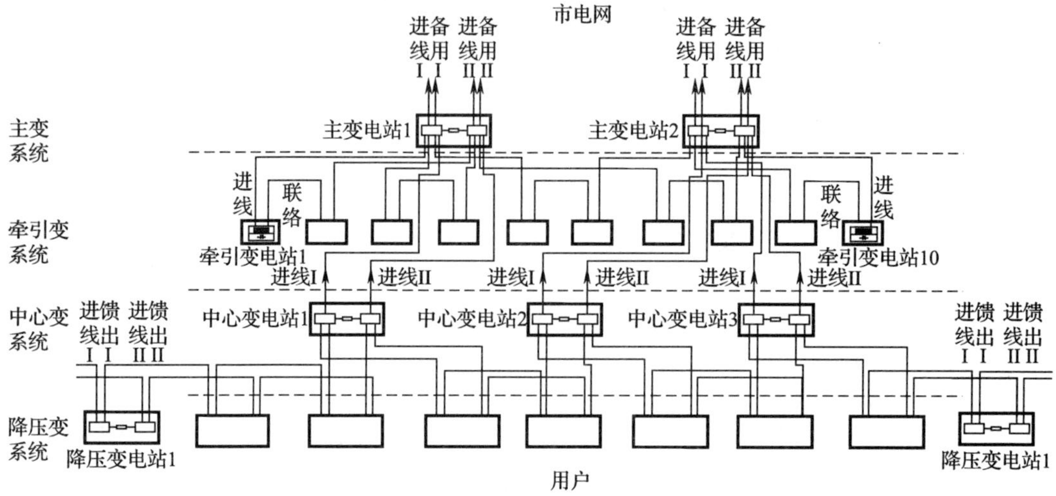

图 1—11　降压变电站 10 kV 母线接线

2. 降压变电站 0.4 kV 接线

降压变电站 0.4 kV 接线为单母线分段接线，如图 1—12 所示。这种接线方式的最大优点是供电可靠性高，任何一路失电，0.4 kV 分段开关都会自切，保证失电段正常供电。与主变 35 kV 接线不同的是在 0.4 kV Ⅰ/Ⅱ段母线上专门设有三类负荷开关，将所有三类负荷的出线都归纳其下，当 0.4 kV 分段开关自切时，失电段的三类负荷被自动切除，保证重要负荷的供电。另外，在 0.4 kV Ⅰ/Ⅱ段母线上还各设有补偿电容器组，

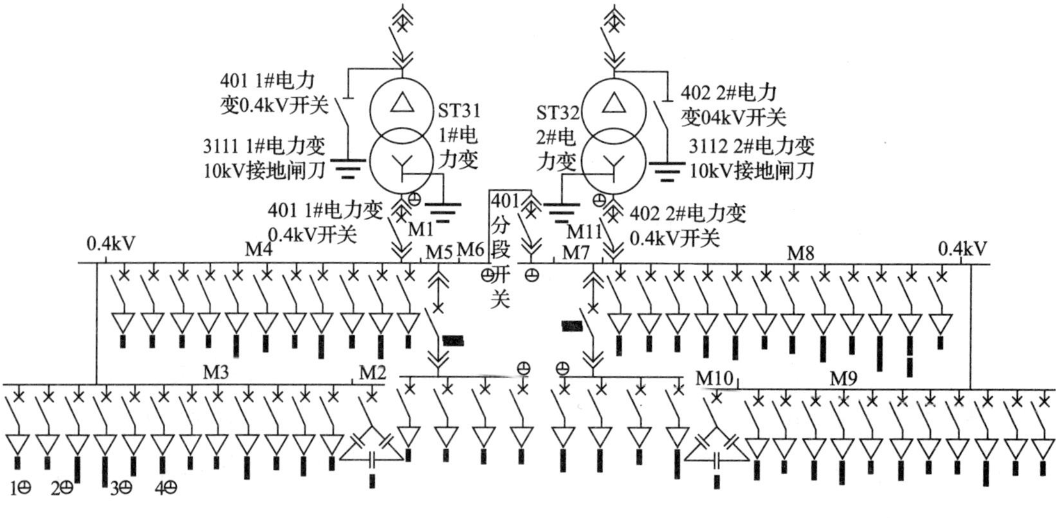

图 1—12　降压变电站 0.4 kV 接线

根据本站0.4 kV电力系统无功负荷情况自动进行补偿。当功率因数低于0.8时自动逐步投入电容器组，当功率因数高于0.95时自动逐步退出电容器组。

3. 降压变电站0.4 kV馈出线

0.4 kV Ⅰ/Ⅱ段馈出线供地铁车站的一、二、三类负荷用电，当进线电源发生故障时，三类负荷被自动切除。低压配电室两段0.4 kV母线均设电容自动补偿装置，补偿后功率因数为0.9以上，低压系统采用TN—S制式。降压变电站的接地采用综合接地网，电阻$R \leqslant 0.5\ \Omega$。

技能要求

35 kV（或0.4 kV）断路器四种运行状态的调整

操作条件

1. 实训目的

通过专业实训，使学员了解35 kV（或0.4 kV）断路器机械结构和电气部件，熟悉35 kV（或0.4 kV）断路器运行规程和操作要求，掌握“冷备用”“热备用”“检修状态”“运行状态”四种状态的调整，能熟练地进行操作，能判断简单故障，能正确使用专业术语进行汇报。

2. 实训设备及工具

序号	名　　称	规格	单位	数量	备注
1	35 kV GIS开关柜（或0.4 kV开关柜）	35 kV（或0.4 kV）	台	若干	连接成系统
2	验电笔	35 kV（AC）	支	1	
3	35 kV GIS开关操作用具		副	1	
4	0.4 kV开关操作用具		副	1	
5	三位置闸刀操作用具		副	各1	
6	倒闸操作用具		件	若干	
7	安全用具		件	若干	

3. 实训要求

（1）做好操作前的准备工作。

（2）按要求的步骤进行操作。

（3）完成各项操作后检查断路器状态。

操作准备

1. 正确穿戴好工作服，袖口必须扎紧。
2. 正确穿戴好绝缘工作鞋。
3. 带好操作工具。
4. 知晓当前断路器的状态。

操作步骤

步骤 1　安全运行准备措施

检查 35 kV 断路器运行是否正常。

检查 0.4 kV 断路器运行是否正常。

注意：若有任何故障或缺陷，应视具体情况取消本操作。

步骤 2　断路器四种运行状态调整

35 kV 断路器四种运行状态的调整如图 1—13 所示。

0.4 kV 断路器四种运行状态的调整如图 1—14 所示。

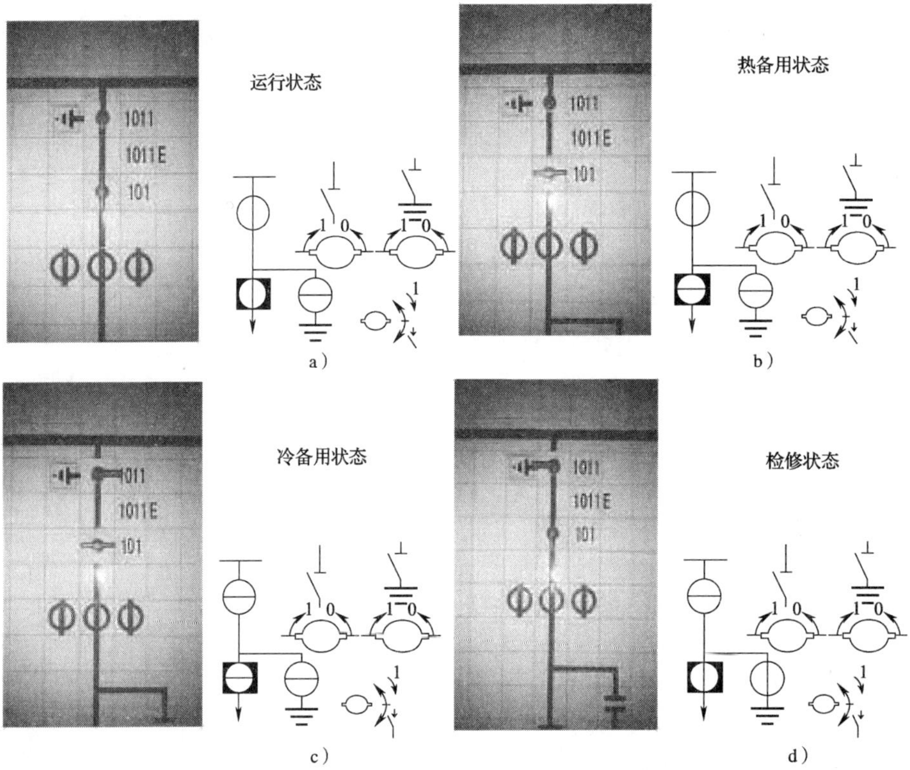

图 1—13　35 kV 断路器四种运行状态的调整

a）运行状态　b）热备用状态　c）冷备用状态　d）检修状态

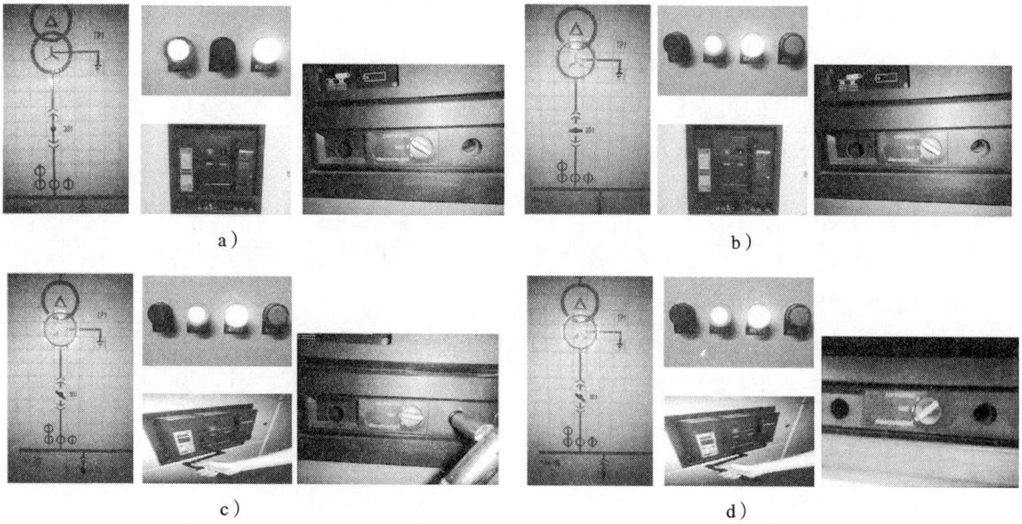

a） b） c） d）

图1—14　0.4kV 断路器四种运行状态调整

a）运行状态　b）热备用状态　c）冷备用状态　d）检修状态

步骤3　检查，汇报

（1）凡需操作的断路器应核对设备名称、设备状态信号位置、面板位置、机械位置无误后方可操作，并向电力调度汇报及核对。

（2）对危及设备安全运行的断路器故障，操作人员必须立即通知专业人员及时进行处理，不得拖延时间。

（3）对所做工作再次进行检查。

（4）各断路器实际工作状态应正确。

理论知识复习题

一、判断题（将判断结果填入括号中，正确的填“√”，错误的填“×”）

1．电力系统的额定电压就是电网的额定电压。（　　）

2．城市轨道交通供电系统的主变 110 kV 侧因为运行时不接地，所以是不接地系统。（　　）

3．城轨交通供电系统 110 kV 系统，采取中性点直接接地的运行方式。（　　）

4．中性点不接地的电气设备的绝缘是根据系统的线电压设计的，所以单相接地时对设备绝缘影响不大。（　　）

5. 主接线图和其他电路图相似，图中应以三根连线代表交流电的三相导线。（　　）

6. 为了保证供电的可靠性，变电所的一次接线必须设有冗余设备。（　　）

7. 内桥式接线就是桥接断路器在线路一侧。（　　）

8. 外桥式接线就是桥接断路器在线路一侧。（　　）

9. 在环进环出线路变压器组的接线方式中，线路断路器有两台。（　　）

10. 线路变压器组接线就是线路和变压器直接相连。（　　）

二、单项选择题（选择一个正确的答案，将相应的字母填入题内的括号中）

1. 电网由（　　）构成。

A. 变电站、输电线　　B. 用户、输电线

C. 变电站、用户　　D. 发电厂、变电站

2. 不属于城轨供电系统的电压等级的是（　　）kV。

A. 33　　B. 35　　C. 110　　D. 220

3. 上海地铁供电系统中牵引直流系统的电压等级是 DC（　　）V。

A. 750　　B. 900　　C. 1 220　　D. 1 500

4. 不属于城轨降压站供电系统的电压等级是（　　）。

A. 10 kV 和 0.4 kV　　B. 35 kV 和 0.4 kV

C. 110 kV 和 0.4 kV　　D. A、B 选项

5. 城市轨道交通供电系统中的 10 kV 系统是（　　）。

A. 不接地系统　　B. 接地系统

C. 小电流接地系统　　D. 直接接地系统

6. 在中性点不接地系统中单相接地时，非故障相电压（　　）。

A. 升高$\sqrt{2}$倍　　B. 升高$\sqrt{3}$倍　　C. 升高$\sqrt{5}$倍　　D. 不升高

7. 在 35 kV 系统中，当单相接地电流大于（　　）A，则采取中性点经消弧线圈接地的运行方式。

A. 40　　B. 30　　C. 20　　D. 10

8. 对于 380/220 V 低压配电网络，采取中性点直接接地的是（　　）。

A. 三相三线制　　B. 三相二线制　　C. 三相一线制　　D. 三相四线制

9. 在城轨交通供电 10 kV 系统中，当单相接地电流大于（　　）A 则采取中性点经消弧线圈接地的运行方式。

A．40　　B．30　　C．20　　D．10

10．采用环进环出线路变压器组接线方式（　　），提高了地区电网可靠性。

A．有利于变电站的继电保护设置

B．有利于城市电网电源与电源之间的联络

C．使调度灵活

D．使操作简便

理论知识复习题答案

一、判断题

1．√　2．×　3．√　4．×　5．×　6．×　7．×　8．√　9．√　10．√

二、单项选择题

1．A　2．D　3．D　4．C　5．C　6．C　7．D　8．D　9．B　10．B

第2章

城轨供电系统主要设备

学习完本章的内容后，您能够：

- ☑ 了解城轨供电系统主要设备的组成
- ☑ 掌握各种设备的原理及组成
- ☑ 了解杂散电流防护方法
- ☑ 掌握杂散电流防护措施

知识要求

2.1 供电系统设备

2.1.1 油浸式主变压器

1. 三相变压器的工作原理

如果把三台单相变压器按照一定的规律连接起来则可以组成一个三相变压器组，这时每一台变压器都有自己独立的磁路，各相磁路互不相关。如果把三相的一、二次绕组同时绕制在同一台铁芯上，则可以构成一台三相变压器。三相变压器的铁芯一般有3个芯柱，每个芯柱都套装各相一、二次绕组，各相磁路相互关联。在对称负荷下，各相电压、电流大小相等，相位彼此相差120°。三相变压器的铁芯磁路不对称，中柱激磁电流较边柱激磁电流小，一般A、C相空载电流相同，为B相空载电流的1.2～1.5倍。由于变压器的空载电流数值很小，与额定电流相比可以忽略不计，因此，空载电流的不平衡对变压器运行不会产生显著的影响。

大型的三相变压器为降低其高度，将铁芯做成三芯五柱式，如图2—1所示，中间三个铁芯柱上分别套有A、B、C三相绕组。

设各段铁轭中磁通分别为$\dot{\Phi}_1$、$\dot{\Phi}_2$、$\dot{\Phi}_3$、$\dot{\Phi}_4$，则

$$\dot{\Phi}_A = \dot{\Phi}_2 - \dot{\Phi}_1$$

$$\dot{\Phi}_B = \dot{\Phi}_3 - \dot{\Phi}_2$$

$$\dot{\Phi}_C = \dot{\Phi}_4 - \dot{\Phi}_3$$

$$\dot{\Phi}_1 = \dot{\Phi}_4$$

则

$$\dot{\Phi}_C = \dot{\Phi}_1 - \dot{\Phi}_3$$

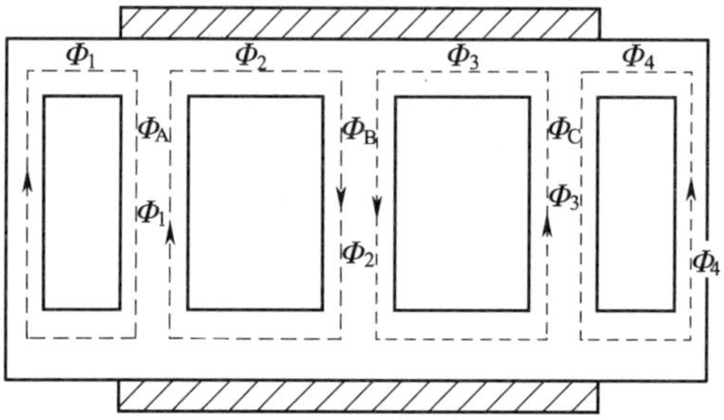

图 2—1　三芯五柱变压器的铁芯

所以，三芯五柱式各磁通的相量关系同普通三相星形连接时相电压和线电压的关系相似。当三相磁路对称时，铁轭和边柱中的磁通 $\dot{\Phi}_1$、$\dot{\Phi}_2$、$\dot{\Phi}_3$、$\dot{\Phi}_4$ 将为铁芯柱中磁通 $\dot{\Phi}_A$、$\dot{\Phi}_B$、$\dot{\Phi}_C$ 的 $1/\sqrt{3}$。与三柱式铁芯相比，铁轭截面积及其高度可缩成 $1/\sqrt{3}$，从而使整个铁芯的高度降低。三相变压器由于铁芯材料省，成本低，因此得到广泛的应用。

2. 油浸式变压器结构

油浸式电力变压器主要由器身（铁芯、绕组等）、油箱、冷却装置、保护装置、出线套管、绝缘油等组成。在设计、制造和运行方面，油浸式变压器积累了丰富经验，能比较可靠地运行于大多数场合，特别在大容量、超高压系统中，油浸式变压器得到了广泛的应用。油浸式电力变压器结构如图 2—2 所示。

（1）铁芯。铁芯是变压器最基本的组成部分之一。常采用的变压器铁芯结构有内铁式（芯式）和外铁式（壳式）两种，目前绝大多数变压器都是内铁式结构。内铁式是垂直放置的，铁芯截面多为分级圆柱式，绕组包围芯柱。外铁式是铁芯包围绕组，水平放置，铁芯截面为矩形，有旁轭。

铁芯材料要求导磁率高，磁滞、涡流损耗小，目前，普遍使用的是 0.25～0.35 mm 厚的冷轧硅钢片，其表面经过绝缘漆处理，以降低和限制涡流损耗。一般冷轧硅钢片采用 45°斜切硅钢片的叠装法，降低空载损耗，而且使变压器的噪声减小。

小容量变压器铁芯截面的形状一般做成方形或长方形；大型变压器为了节省材料和充分利用空间，做成多级阶梯形，并在铁芯中设计了散热油道。

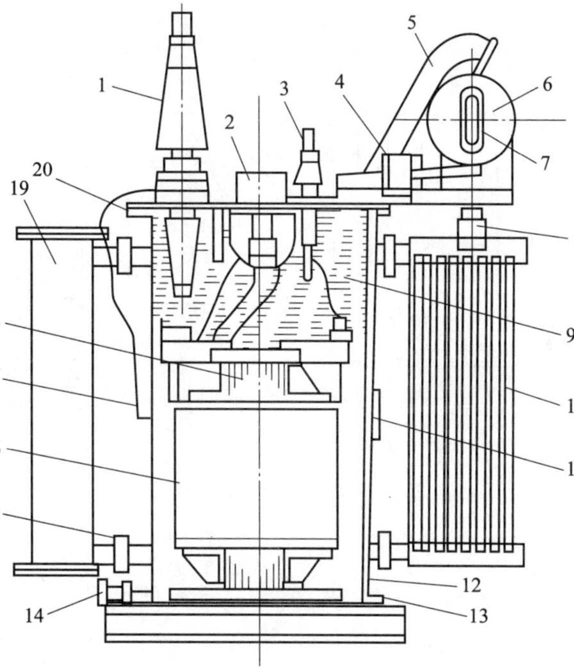

图 2—2　油浸式电力变压器的结构

1—高压套管　2—分接开关　3—低压套管　4—气体继电器　5—安全气道　6—储油柜

7—油位计　8—吸湿器　9—变压器油　10—散热器　11—铭牌　12—接地螺栓

13—油样活门　14—放油阀门　15—碟阀　16—绕组

17—信号油湿计　18—铁芯　19—净油器　20—油箱

铁芯的夹紧装置是将导磁体组成整体的紧固结构。根据电压等级和容量的不同，夹紧结构主要采用无孔绑扎、拉螺杆结构和无孔绑扎、拉板结构两种方式。这两种夹紧方式取消了老式加紧装置的穿芯螺杆，芯柱部分由环氧无纬玻璃丝带绑扎，硅钢片不穿孔，既简化了工艺，减少了铁芯损耗，又消除了因穿芯螺杆绝缘损坏而导致铁芯多点接地的隐患。无孔绑扎、拉螺杆结构用于 10 ~35 kV 级 6 300 kV · A 及以下中、小型变压器铁芯上，无孔绑扎、拉板结构用于 110 kV 级 6 300 kV · A 以上的大型变压器铁芯。

变压器在运行中或试验时，在铁芯或其他金属构件上由于静电感应将产生静电荷积累，出现悬浮电位，造成对地放电，威胁变压器的安全运行。因此，必须将铁芯及其所有金属构件（穿芯螺杆除外）可靠接地。由于铁芯叠片间的绝缘电阻较小，只需将铁芯和任意一片金属构件经油箱接地即可。值得注意的是，铁芯只允许有一点接地，如果有两点或两点以上接地，则接地点之间可能形成闭合回路，产生环流，使铁芯局部过热，严重时会将铁芯局部烧坏。因此，对于不同夹紧结构的铁芯，采用不同的接地结构。铁芯经油箱接地的结构如图 2—3 所示。

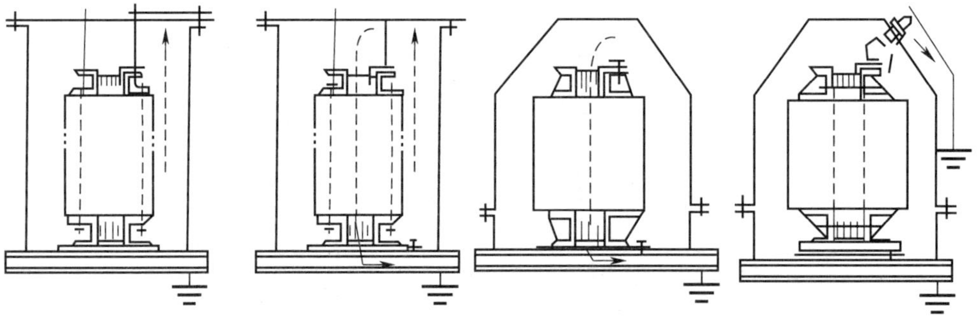

a）　　b）　　c）　　d）

图 2—3　铁芯经油箱接地的结构

a）有拉螺杆和吊螺杆　b）只有拉螺杆　c）上下夹件绝缘　d）有拉板经套管引出接地

（2）绕组。绕组又称线圈，也是变压器的基本元件之一，用绝缘铜导线或铝导线绕制而成，大容量变压器的绕组都用铜导线制成。绕组一般都绕成圆形，因为这种绕组有较好的力学性能，不易变形，节省铜线，同时也易于绕制。高低压绕组一般用同心式排列，即高压绕组在外面，低压绕组在里面。下面介绍几种主要的线圈形式：

1）圆筒式绕组。圆筒式绕组可绕成单层、双层和多层的结构，如图 2—4 所示。单层绕组多用于小容量变压器的低压绕组，多层绕组多用于小容量变压器的高压绕组。圆筒式绕组常用圆导线或扁导线绕制，各线匝靠紧，顺着绕成一个螺旋形的圆筒，层间可留有供散热的油隙，但端部支撑的稳定性较差。圆筒式绕组一般适用于容量在 630 kV · A 以下电压较低的变压器。

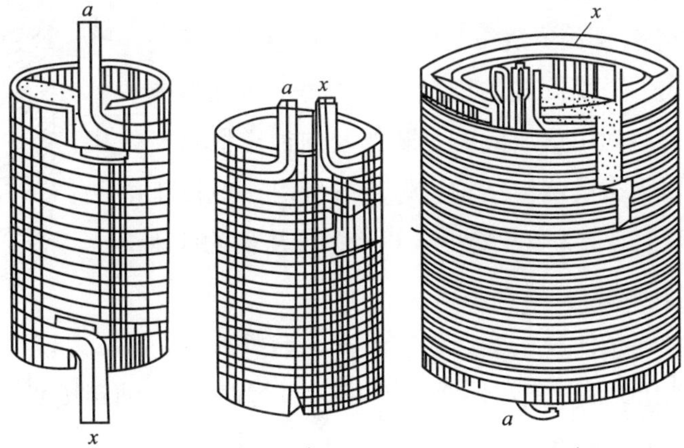

a）　　b）　　c）

图 2—4　圆筒式绕组的结构

a）单层　b）双层　c）多层

2）饼式绕组。饼式绕组由扁铜线盘绕而成，先在辐向绕成线饼，各线饼再沿轴向排列组成，常做成双饼，使线段的起始端头和终了端头都在线圈的外侧，以便串联组成一个完整的绕组。双饼绕组的结构如图 2—5 所示。

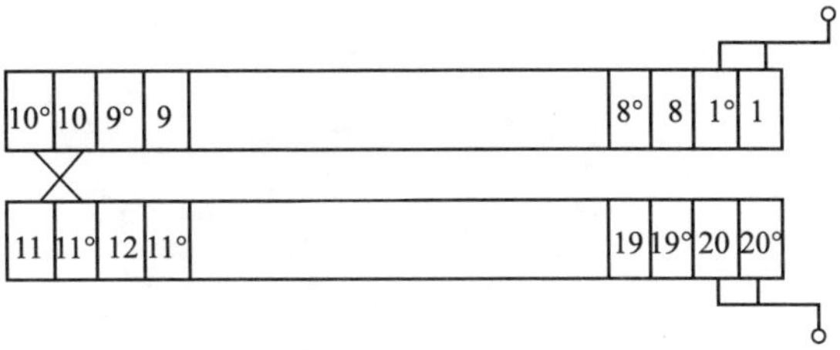

图 2—5　双饼绕组的结构

3）连续式绕组。连续式绕组实际上属于饼式绕组，是由一根或多根导线绕制成连续的线段（线饼），在各线段的过渡处进行导线换位，线段和线段之间交替地连接在线圈的内侧和外侧，且都是由绕线导体本身自然连接。这种绕组强度高，散热性能好，适用于容量较大的变压器。其缺点是制造要求高。连续式绕组如图 2—6 所示。

4）纠结式绕组。纠结式绕组是一种特殊的连续式绕组，其相邻的两线段在电器上是间隔几个线段后再串联，绕组绕制时需要进行交错纠结换位。纠结使绕组的串联电容增大，改善遭受冲击电压时的电压分布。纠结式绕组在大型电力变压器的高压绕组中得到广泛应用，全绝缘的 110 kV 变压器高压绕组采用纠结式绕组。

5）螺旋式绕组。螺旋式绕组是将多根扁线沿辐向叠在一起，再沿轴向绕成一个螺旋式的绕组，它的每一匝即形成一个"饼式"线段，匝间用垫块隔开，既作径向油道散热又作绝缘用，因此也属于饼式绕组结构。螺旋式绕组一般用于电压为 35 kV 及以下、容量为 800 kV · A 以上的变压器的低压绕组上，匝数多的高压线圈一般不采用。

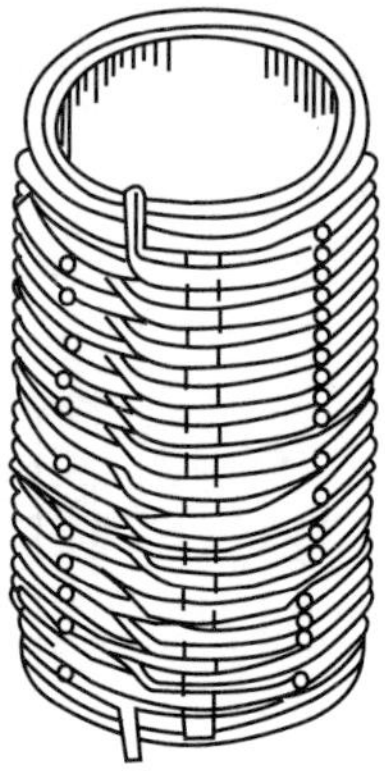

图 2—6 连续式绕组

（3）油箱。油箱是油浸式变压器的外壳，器身放置在油箱内，箱内充满变压器油。变压器油的作用是绝缘和散热。油箱按变压器的容量大小，其结构基本上有以下两种形式。

1）吊芯式油箱。吊芯式油箱一般用于容量较小的变压器，其结构如图 2—7 所示。箱壳用钢板焊接而成，变压器器身放在箱壳内。箱壳上焊有（或安装）散热器和净油器的连接法兰、吊耳、放油阀门、铭牌座等。油箱的上部箱盖可以打开，箱盖上开有安装各种附件的孔洞，靠箱沿四周许多螺钉与箱壳紧固在一起。变压器本体检查或检修时，可拆卸箱盖后，将器身整体吊出。

a）

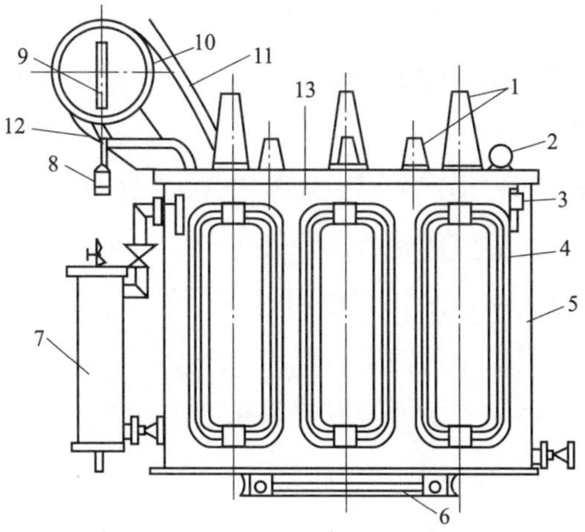

b）

图2—7 吊芯式油箱的结构

a）外形 b）结构

1—高、低压出线套管 2—箱盖吊环 3—吊攀 4—拆卸式散热器 5—箱壳 6—底座 7—净油器 8—吸湿器 9—油位计 10—油枕（储油柜） 11—安全气道（防爆管） 12—气体继电器 13—箱盖

2）吊罩式油箱。吊罩式油箱箱壳像一只钟罩，如图2—8所示。吊罩式油箱分为上节油箱和下节油箱。在上节油箱的拱顶及箱壁上焊有安装各种附件的结构件，下节油箱上布置有器身定位件、放油阀门管接头、密封胶条护框、吊轴及吊轴槽钢、小车底板、接地螺栓等。当器身要进行检查或检修时，只要拆去箱沿四周的紧固螺钉，吊起外面的钟罩式箱壳，即上节油箱，器身便全部暴露在空气中。目前，吊罩式油箱在大型电力变压器中广泛应用。

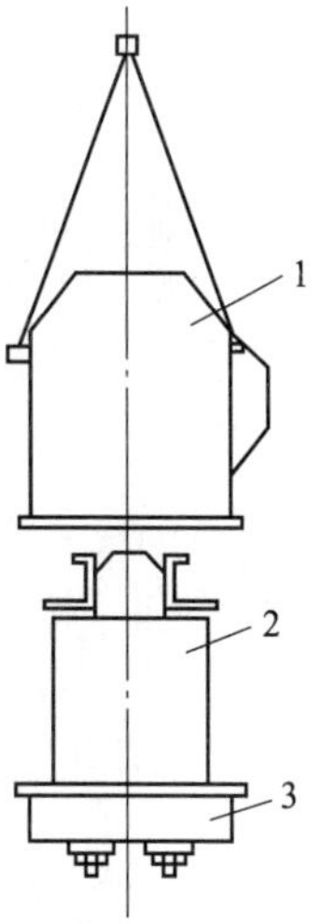

图2—8 吊罩式变压器

1—钟罩式箱壳（上节油箱）

2—器身 3—下节油箱

3. 有载分接开关的分类

有载分接开关就其结构形式可以简单分为组合式和复合式。

（1）组合式有载分接开关。组合式有载分接开关由切换开关和分接选择器组成，并由安装在变压器箱壁上的电动机构经垂直传动轴、锥齿轮和水平传动轴传动。切换开关主要由快速机构（弹簧储能释放）、切换负荷电流的切换机构、过渡电阻器和油室构成。分接选择器主要由级进传动机构、选择分接头的触头系统、扩大调压级数的转换选择器构成。电动机构主要由齿轮传动机构、分接位置控制和指示机构、伞齿轮箱和传动轴构成。MR公司的

M 型有载分接开关，国产的 ZY1、CM 型有载分接开关都属于组合式有载分接开关。

以 M 型有载分接开关为例，其外形结构如图 2—9 所示。分接开关借助开关头安装于变压器箱盖上。

切换开关的主要组成部分是开关头、切换开关芯子、切换开关油室、分接选择器。切换开关位于有载筒内，由筒底齿轮和选择开关形成机械上的联系，但在油路上不通，可带电切换。切换开关触头系统采用双电阻过渡，并联双断口“尾推补偿”对开式接触。切换开关的动作是通过快速机构来实现的，快速机构采用枪机释放原理。

选择开关采用笼形套轴结构，由带有定触头的绝缘板条、传动管、桥式触头及上、下法兰等组成，位于变压器本体内，不带电翻挡。

（2）复合式有载分接开关。复合式有载分接开关把切换开关和分接选择器的功能合二为一，因此，结构上是把切换开关的切换机构与分接选择器触头系统合并，形成选择开关的切换机构，其他部件与组合式有载分接开关几乎一致。MR 公司的 V 型有载分接开关，国产的 FY 型、CV 型、SYXZ 型有载分接开关都属于复合式有载分接开关。

以 V 型有载分接开关为例，其外形结构如图 2—10 所示。V 型有载分接开关的主要部分有开关头、油室、齿轮机构和开关芯子。

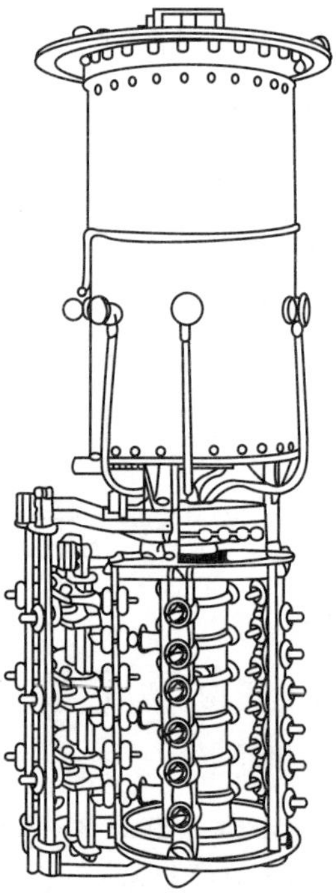

图 2—9　M 型有载分接开关的外形结构

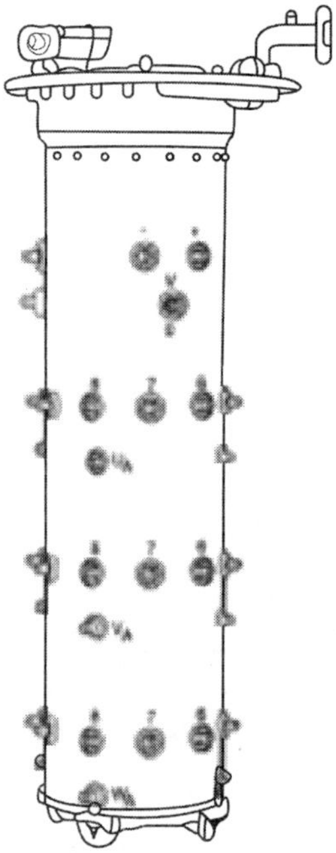

图 2—10　V 型有载分接开关外形的结构

开关头的功用是将分接开关安装到变压器箱盖上，上面装有连接储油柜连管的管接头和油室放油的吸油管管接头。开关头用盖板封住，盖板设计成具有压力释放阀功能。带传动轴的上齿轮盒也装在盖板上。管接头和上齿轮盒都可以调转方向。

油室是由玻璃纤维补强聚酯制成的绝缘筒。筒的上端安装开关头，下端有筒底封闭。转换选择器和选择开关的定触头分别沿绝缘筒的不同高度安装在筒的内壁上，并连接到筒壁外表面的接线端子。

沿外部端子四周具有特殊设计的屏蔽环，改善了静电场的分布，提高了雷电冲击耐压和工频耐压水平。

驱动选择开关轴和转换选择器的齿轮机构装在开关头内的机构底板上，它包括弹簧储能机构、操动选择开关的逐级机构及操动位置指示器和转换选择器的另一套逐级机构。逐级齿轮机构有自锁功能。经受高强度的所有零件都经过表面热处理。齿轮机构无须维修。

分接开关芯子包括分接开关的整个动触头系统（选择开关和转换选择器的触头支座）。

开关轴上端借助销子离合器连接到齿轮机构。其下端定位于筒底中心的轴承中。转换选择器的触头支架位于开关轴的顶部，可以和开关轴分开转动。

开关元件安装在开关轴与定触头相应的高度上。每个开关元件装有并排的三个滚柱触头，它们在分接变换动作中的功能分别是通断触头或过渡弧触头。

4. 有载分接开关的工作原理

有载分接开关的电路分为调压电路、选择电路和过渡电路三个部分。调压电路是变压器绕组调压时所形成的电路。选择电路是选择绕组分接设计的一套电路，所对应的机构为分接选择器和转换选择器等。过渡电路就是短路分接间串接阻抗的电路，对应的机构为切换开关（包括快速机构），切换开关将电流从工作分接转移到预选分接，在此快速转换过程中，电阻被接入电路以保证电流转移不间断。

调压绕组的连接有三种基本方式：线性调压、正反调压和粗细调压，如图2—11所示。图2—11a中线性调压绕组与基本绕组是接死的，引出的每个分接头都只有一个电压与之相对应，开关的分接头端子数目与调压级数的相同。调压范围为$\pm 3 \times 2.5\%$及以下。图2—11b中正反调压绕组与基本绕组的连接可以正接，也可以反接，开关不仅有分接选择器，还有改变调压绕组与基本绕组接法的极性选择器，开关的分接头端子数目只有调压级数的一半。在相同的调压绕组上调压范围可增加一倍。图2—11c中变压器有基本绕组、粗调绕组和细调绕组三部分。基本绕组与粗调绕组是接死的，细调绕组首端与粗调绕组引出端的连接是可以改变的。此时，开关不仅有选择细分接头的部分，而且有改变细调绕组与粗调绕组接法的粗调分接选择器，开关细调分接头端子数目只有调压级数的一半。

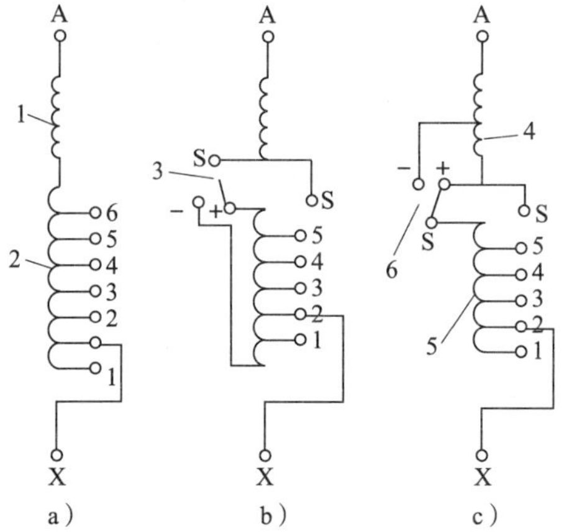

图 2—11　有载调压接线方式

a）线性调压　b）正反调压　c）粗细调压

1—基本绕组　2—调压绕组　3—极性选择器　4—粗调绕组　5—细调绕组　6—粗调分接选择器

三种连接方式均可用于三相调压电路中，三相星形连接的绕组多采用中性点调压方式，三角形连接的绕组可采用中部调压和线端调压形式。

此外，开关的操作是电动的，所以还有驱动（电动）机构，可以用按钮进行手动操作和远方操作，也可用手柄进行手动操作。分接开关从一个工作位置运动到邻近的一个工作位置的过程中，电动机构由单一的控制信号启动，不间断地完成一次切换操作。电动机构备有防止两末端超位的电气限位装置，同时具有机械闭锁，万一电气开关失灵，机构输出轴也不能向超越极限位置的方向转动，以确保开关本体的安全。

（1）组合式有载分接开关工作过程。分接选择器和切换开关组合的有载分接开关的变换过程分为两个步骤：第一步，分接选择器在无电流下预选一个与工作分接相邻的分接；第二步，切换开关将电流从工作分接转移到预选分接。整个顺序由电动机构驱动，包括驱动电动机、减速机构和控制与保护装置等。上述机构通过星形槽轮驱动分接选择器，与此同时使储能机构储能，当储能弹簧储能完成后即驱动切换开关快速地完成操作循环。它的转换时间取决于开关的类型和结构，为 40 ~ 60 ms。一旦弹簧释放，不管电动机构是否在驱动，切换开关的操作循环即告完成。过渡电阻接入电路后承受负荷的时间随开关类型和结构而不同，转换时间为 20 ~ 30 ms。从电动机构启动到分接切换结束，变换一次需用的总时间随分接开关类型和结构的不同而不同，一般为 10 s。

组合式有载分接开关电路和结构如图 2—12 所示。调压电路各分接头 1 ~ 9 通过分接引线与选择电路的对应定触头 1 ~ 9 连接。选择电路的触头分为两组，双数组动触头 S2 工作时，单数组动触头 S1 可在不带负载下选择一个分接头；反之也一样，因而选择电路中触头无烧蚀。过渡电路的定触头分为单数侧和双数侧触头，单数侧定触头 K1 和选择电路中单数组动触头 S1 的引出线相连，双数侧定触头 K4 和动触头 S2 的引出线相连。其动触头 J 按一定的操作程序左右带负载切换，就能切换到不同分接。若其触头有烧蚀，则用弹簧储能释放机构快速切换。

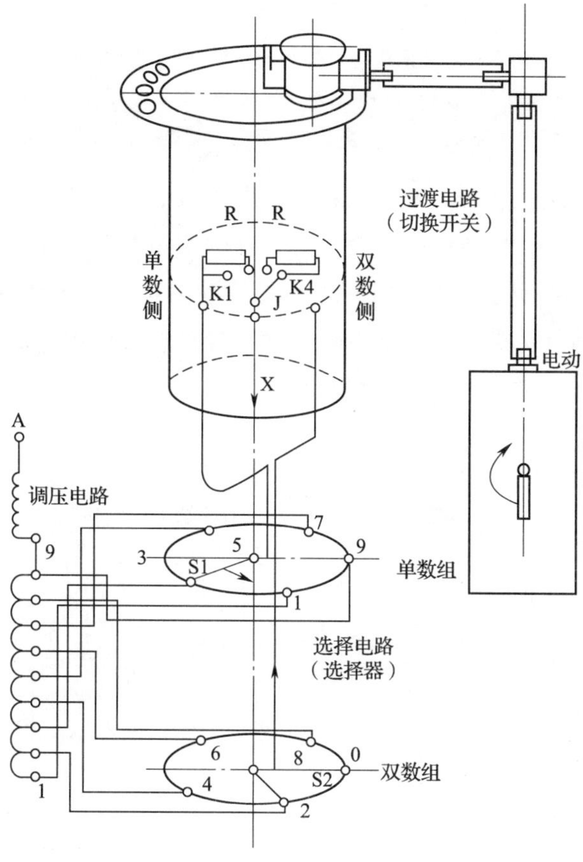

图 2—12　组合式有载分接开关电路和结构（只表示一相）

A—绕组线端　1 ~ 9—分接头　0 ~ 9、K1、K4—定触头　S1、S2、J—动触头

R—过渡电阻　X—电流引出端

组合式有载分接开关的切换分接头过程（由 4 分接向 3 分接切换）如图 2—13 所示。其工作程序：接通某一分接头，选择下一分接头，选择结束，切换开始，桥接两分接头，切换结束，接通下一分接头。

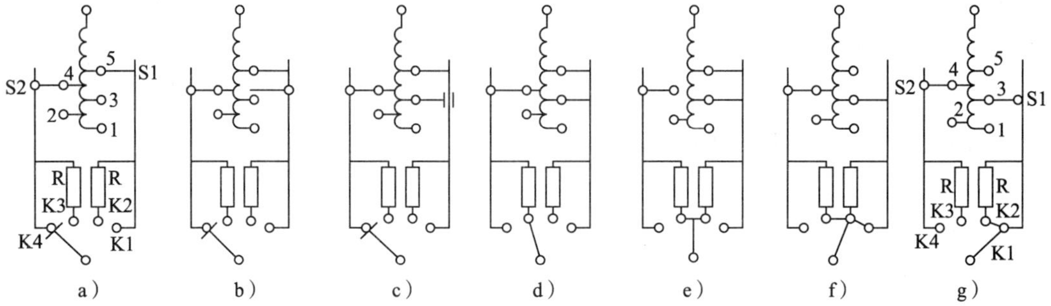

图 2—13　有载分接开关的选择电路和过渡电路切换分接的工作程序

a）接通 4 分接头　b）向 3 分接头选择　c）选择到 3 分接头　d）向单数侧切换

e）桥接 3、4 分接头　f）切换至单数侧　g）切换结束，接通 3 分接头

（2）复合式分接开关工作过程。这种分接开关没有单独的过渡电路，它将过渡电路和选择电路合二为一，在结构上也就没有单独的切换开关。复合式分接开关的选择开关电路和结构 2—14 所示。电动机构输出的转动力经垂直转动轴、锥齿轮传动箱、水平传动轴送至分接开关头盖上的锥齿轮传动装置，然后传送至储能机构推动释放曲柄，储能弹簧拉伸过死点释放，使槽轮拨槽件拨动槽轮转过一个槽，选择开关操作轴

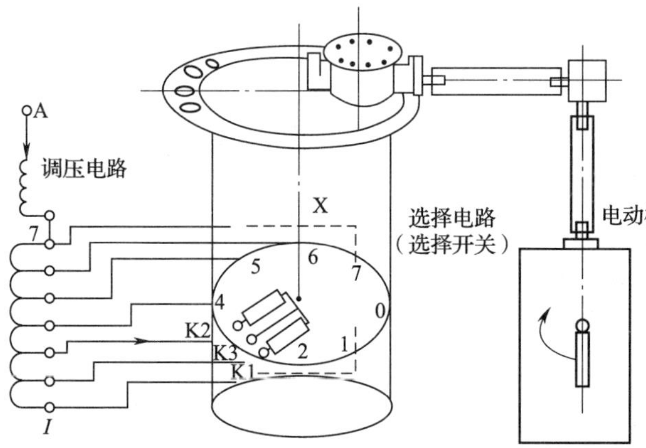

图 2—14　复合式分接开关的选择开关电路和结构（只表示一相）

A—绕组线端　1 ~ 7—分接头　0 ~ 7—定触头　K—主通断（主弧）触头

K1、K2—过渡触头　R—过渡电阻　X—电流引出端

转过一个角度，使切换组件从一个定触头运动到相邻的一个定触头上，从而完成一次分接的变换。利用槽轮的弧形凹面与拨槽件连锁，为下一次切换做准备。转换选择器的动作由转换选择器凸轮和转换选择器操作曲柄来完成。选择开关从工作分接位置变换到相邻分接位置是一步完成的，实际变换时间随开关类型和结构而不同，为40～180 ms。选择开关的切换过程（由3分接头向2分接头切换）如图2—15所示。其工作程序：接通某一分接头，切换开始，桥接两分接头，切换结束，接通下一分接头。

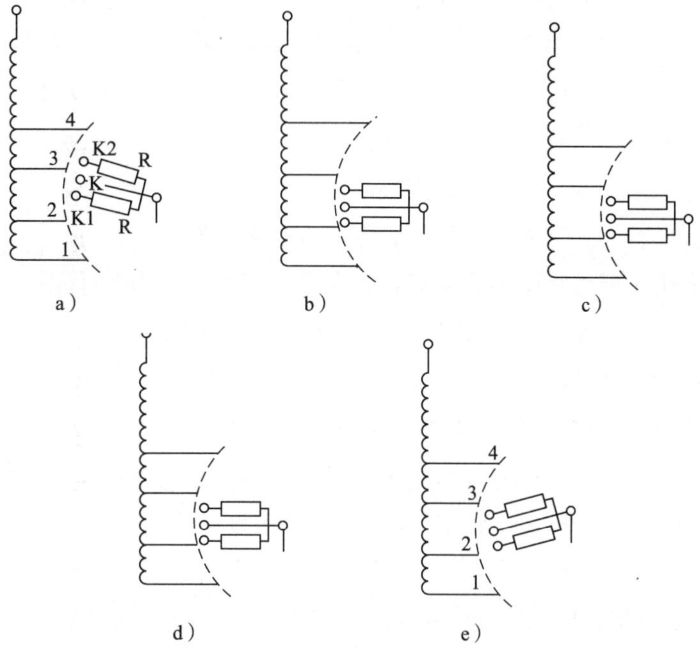

图2—15 选择开关切换分接的工作过程

a）接通3分接头 b）向2分接头切换 c）桥接2分、3分接头

d）切换至2分接头 e）接通2分接头

2.1.2 干式变压器

1. 干式变压器的特点

环氧树脂浇注干式变压器具有油浸式变压器无法比拟的优点。

（1）绝缘强度高：浇注用环氧树脂具有18～22 kV/mm的绝缘击穿场强，且与电压等级相同的油浸式变压器具有大致相同的雷电冲击强度。

（2）抗短路能力强：由于树脂的材料特性，加之绕组是整体浇注，经加热固化成型后成为一个刚体，所以强度很高，经突发短路试验证明，浇注式变压器因短路而损坏的极少。

（3）防灾性能突出：环氧树脂难燃、阻燃并能自行熄灭，不致引发爆炸等二次火灾。

（4）环境性能优越：环氧树脂是化学性质极其稳定的一种材料，防潮、防尘，即使在大气污秽等恶劣环境下也能可靠运行，甚至可在100%湿度下正常运行，停运后无须干燥预热即可再次投入运行。可以在恶劣的环境下运行是环氧浇注干式变压器较浸渍式干式变压器的突出优点之一。

（5）维护工作量小：由于有了完善的温控、温显系统，目前，环氧浇注干式变压器的日常运行维护工作量很小，从而可以大大减轻运行人员的负担，并降低运行费用。

（6）运行损耗低，运行效率高，噪声低。

（7）体积小、质量轻，安装调试方便。

（8）无须吊芯检修，节约占地面积，相应节省土建投资。

环氧树脂浇注式干式变压器的缺点是树脂绝缘缺陷和损伤具有不可恢复性和不可修复性，一般在制作过程中产生缺陷，在运行过程中产生损伤。

2．整流变压器的结构

以德国 Trofo－Union 的 GEAFOL 干式整流变压器为例，GEAFOL 环氧树脂浇注干式变压器的铁芯采用高导磁晶粒取向冷轧硅钢片层层压铸而成。其低压绕组为铝箔绕制的 F 级圆筒式绕组，绕组端部用树脂浇注。高压绕组采用分段圆筒式结构，在真空状态下采用环氧树脂用模具进行浇注。高压绕组由铝箔组成，因为铝和树脂混合料的膨胀系数比较接近，这对防止环氧树脂层的开裂是比较有利的。铝箔涂有优质绝缘薄膜。每相绕组由几个分开的、串联而成的线圈组成，线圈先烘干，然后在真空下封闭在树脂中。

2.1.3 消弧线圈

1．消弧线圈的构造

消弧线圈的构造如图2—16所示。消弧线圈的直流电阻被做得很小，而电抗很大。线圈绕在两个铁芯柱上，并浸在变压器油中。但铁芯柱被隔离成很多间隙，间隙中填着绝缘纸板。采用带间隙的铁芯主要是为了避免磁饱和，这样可以得到一个比较稳定的电抗值，使补偿电流与电压成线性关系，并使消弧线圈能保持有效的消弧作用。

为了适应系统中的电容电流随系统运行方式变化而变化，消弧线圈设有许多分接头，可用以调节线圈的匝数，改变电抗值的大小，起到调节消弧线圈的电感电流，补偿接地电容电流，以达到消弧的作用。

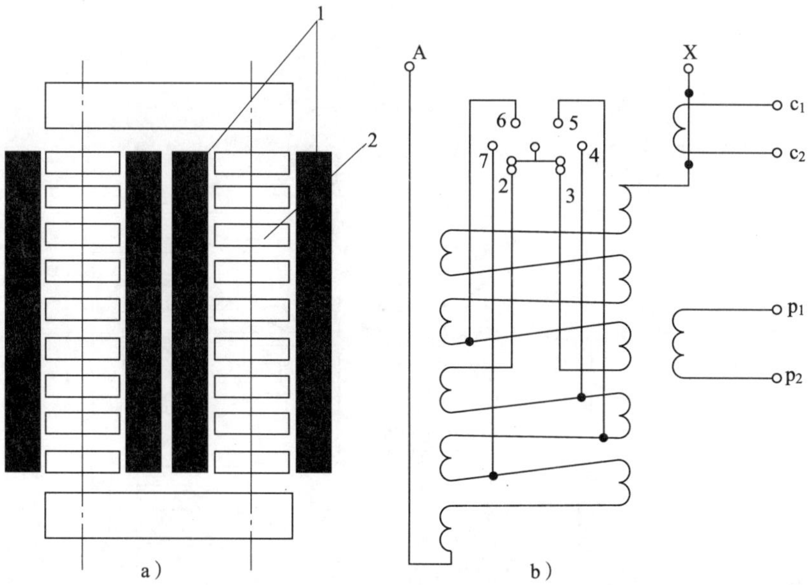

图 2—16　消弧线圈的构造

a）1—线圈　2—铁芯　b）c_1、c_2—电流互感器端子

p_1、p_2—电压互感器端子　2、3、4、5、6、7—挡位转换端子

2. 经消弧线圈接地的接线

消弧线圈的接线如图 2—17 所示。为了测量系统单相接地时消弧线圈的端电压和补偿电流，消弧线圈 XQ 内部还装有电压互感器 YH 和电流互感器 LH。电压互感器二次线圈的电压为 110 V，额定电流为 10 A；电流互感器装于中性点的接地端，其二次侧的额定电流为 5 A。在电压互感器和电流互感器的二次侧分别接有电压表和电流表。电压继电器动作后，启动中间继电器，一方面使中央预告信号装置动作，另一方面使消弧线圈设备屏上的信号灯亮，以提醒值班员及时注意有接地情况发生。此时，消弧线圈隔离开关旁边的信号灯也亮，指示网络中有接地存在，如果中性点的电压偏移很大，不允许操作消弧线圈的隔离开关。为了防止大气过电压损坏消弧线圈，其上还接有避雷器 FZ - 20。

为防止产生谐振过电压及适应各种运行方式，在消弧线圈接地回路应串接阻尼电阻箱。这样在运行中，即使处于全补状态，因电阻具有阻尼作用，防止了谐振的产生，而且中性点电压不会超过 15% 相电压，满足规程要求，使消弧线圈可以运行于过补、全补或欠补任一种方式。阻尼电阻可选用片状电阻，根据容量选用不同的阻值。当系统发生单相接地时，中性点流过很大的电流，这时必须将阻尼电阻采用电压、电流双重保护短接。

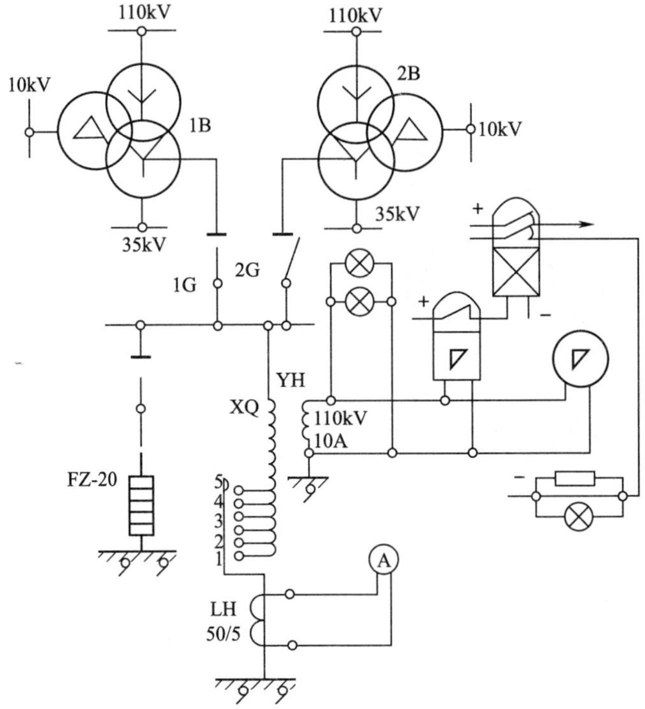

图 2—17　消弧线圈的接线

如果系统中性点位移电压过高，则单相接地时采用消弧线圈也难以灭弧。因此，要求中性点经消弧线圈接地的系统在正常运行时中性点的位移电压不得超过额定电压的 15%，这样消弧线圈易于灭弧。

2.1.4　接地变压器

1. 接地变压器的用途

为了抑制弧光接地过电压和补偿接地电容电流，为监测接地电流提供一个通道，许多电网系统的主变压器的一侧都使用△的接法。在未接入接地变压器之前是不接地系统，没有零序监测通道。而接地变压器实质上是一种特殊用途的三相变压器，它可以引出一个中性点，为中性点不接地系统提供一个零序监测通道。当主变△侧接入接地变和电阻后就形成了小电流接地系统。

2. 接地变压器的结构

接地变压器的三相绕组通常接成曲折形。它的结构与一般三相芯式变压器相似，但只有一个绕组，每一铁芯柱上的绕组分成两半，然后把每一组绕组的一半与另一相绕组的下一半倒接串联，组成曲折接线的一相，将 U1、V1、W1 引出作为出线，将 U2、V2、W2 连在一起作为中点，如图 2—18 所示。这种接法的好处如下：

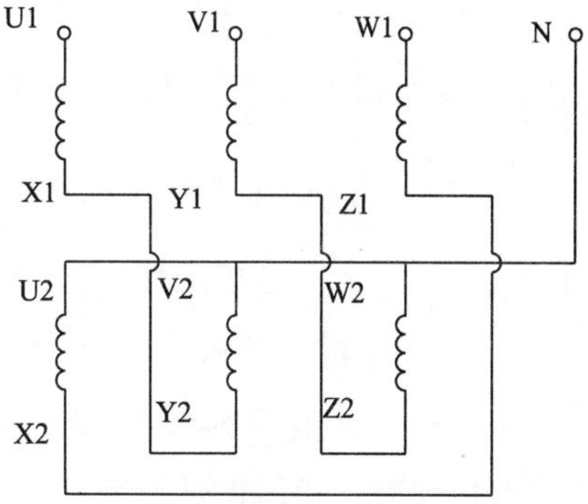

图 2—18　接地变压器的结构

（1）在单相短路时，接地电流在三相绕组中的分配大致上均匀，每一柱上两个绕组的磁势相反，所以不存在阻尼作用，接地电流可以畅通地从中性点流向线路，提高了零序保护的灵敏度。

（2）绕组相电压中无三次谐波分量。

3. 绕组端子

接地变压器绕组用 U－X、V－Y、W－Z 作线端标号，U、V、W 为绕组的首端，X、Y、Z 为绕组的末端。绕组的端头通过 6 支出线套管接到外面，三个绕组末端 X、Y、Z 引出是为了做绕组的相间绝缘试验。

2.1.5　电流互感器

1. 电流互感器的基本技术参数

（1）额定电流。额定电流是作为电流互感器性能基准的电流值。额定一次电流的标准值为 10 A、12.5 A、15 A、20 A、30 A、40 A、50 A、60 A、75 A 及它们十进位的倍数或小数。额定二次电流的标准值为 5 A 或 1 A。

（2）额定变流比。额定变流比是额定一次电流与额定二次电流之比。由于二次绕组的额定电流规定为 5 A 或 1 A。所以额定变流比的大小取决于额定一次电流。

（3）额定二次负荷与实际二次负荷。额定二次负荷是确定互感器准确等级所依据的二次负荷；实际二次负荷是电流互感器二次线圈所接仪表、装置、继电器等与二次侧连接电缆线路阻抗的总和。

（4）额定输出功率。在额定二次电流和接有额定二次负荷的情况下，互感器在规定的功率因数下供给二次回路的视在功率。其标准值为 2.5 V·A、5 V·A、10 V·A、15 V·A、20 V·A、30 V·A、40 V·A、50 V·A、60 V·A、80 V·A、100 V·A。

2. 电流互感器的误差与准确等级

（1）电流互感器的误差。电流互感器的测量误差是指其二次电流测量值乘以变比后与一次电流实际值在变比和相角方面的差值。

1）变比误差。变比误差又叫电流误差，它是互感器电流测量值乘以变比后与一次电流实际值之间的差值，以一次电流实际值的百分数表示：

$$\Delta I\% = \frac{KI_2 - I_{1n}}{I_{1n}} \times 100\%$$

式中 K——电流互感器的变比；

I_{1n}——电流互感器一次额定电流，A；

I_2——二次电流实测值，A。

2）角误差。角误差是指二次电流相量旋转180°后与一次电流相量之间的夹角 δ。规定二次电流相量超前于一次电流相量时为正角差，反之为负角差。正常运行的互感器，其 δ 一般都在2°以下。

3）电流互感器误差的相关因素

①与励磁安匝数（I_0N_1）的大小有关，也就是说与铁芯的质量和结构形式有关，铁芯质量差时 I_0 增大，误差增大。

②与一次电流大小有关，在额定范围内一次电流增大，误差减小。

③与二次负载阻抗大小有关，阻抗加大，误差加大。

④与二次负载感抗有关，当功率因数 $\cos\varphi_2$ 减小时，电流误差增大，而角误差相对减小。

（2）电流互感器的准确等级。电流互感器的准确等级是指规定的二次负荷范围内，一次电流为额定时的最大误差极限值。我国规定的标准准确等级分为0.1级、0.2级、0.5级、1级、3级和5级六个等级，特殊使用要求的电流互感器的准确级有0.2S和0.5S级。

对于0.1级、0.2级、0.5级和1级四个准确级，当二次负荷在25%～100%额定负荷范围内变化时，在额定频率下其电流的误差极限分别为±0.1%、±0.2%、±0.5%和±1%，相应的角差极限值分别为±5′、±10′、±30′、±60′。对于3级和5级负荷在50%～100%范围内变化时，额定频率下电流误差的极限值分别为±3%和±5%，角差不作规定。

（3）保护用电流互感器的10%误差曲线。电流互感器的误差与励磁电流 I_0 有着密切的关系，为了保证继电保护装置在短路故障时能正确地动作，对于保护范围内可能出现的短路电流，要求保护用（B级）电流互感器最大误差极限值不超过－10%。当短路电流增加到一次额定电流的 n 倍时，电流误差达到－10%，此时的一次电流倍数 n 称为10%倍数。10%倍数越大，表示该互感器的过电流性能越好，10%倍数与互感器二次允许最大负荷阻抗的关系曲线就是电流互感器的10%误差曲线，如图2—19所示。

按照实际计算出的一次电流倍数可从曲线上查出二次允许最大负荷阻抗值，只要互感器的二次负荷阻抗小于该阻抗值，就能保证其误差不超过10%。

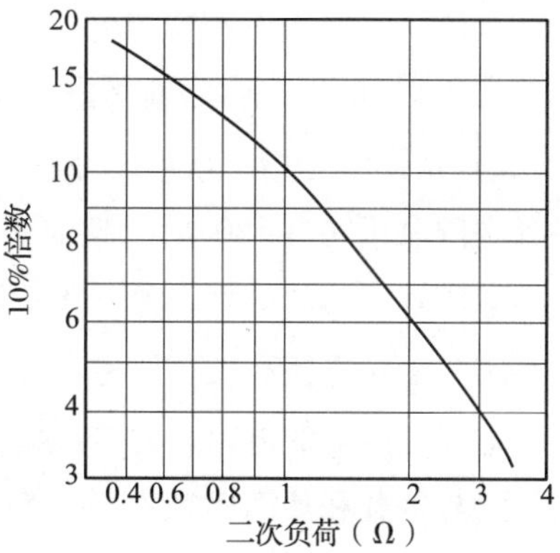

图2—19　LQJC－10型10%误差曲线

2.1.6　电压互感器

1. 电压互感器的基本技术参数

（1）额定一次电压。电压互感器的额定一次电压与其连接系统的相关电压一致；三相电压互感器或用于三相系统线间以及用于单相系统的电压互感器与它们所接系统的标称电压一致；用于三相系统线与地之间的单相电压互感器，额定一次电压为所接系统的相电压。

（2）额定二次电压和第三绕组二次电压。单相接于线间的电压互感器的额定二次电压为100 V，接于相对地间的电压互感器的额定二次电压为100 V/$\sqrt{3}$。

用于中性点直接接地系统的电压互感器，第三绕组的二次电压为100 V；用于小电流接地系统的电压互感器，第三绕组的二次电压为100 V/3。

（3）额定二次负荷。电压互感器的额定二次负荷是指在功率因数为0.8（滞后）时，能保证二次线圈相应准确级次的基准负荷，又称为额定输出标准值，以视在功率表示。对于三相电压互感器，标准值为每相的额定二次负荷。二次负荷是指二次回路中所有仪器、仪表及连接线的总负荷。

额定输出标准值有10 V·A＊、15 V·A、25 V·A＊、30 V·A、75 V·A、100 V·A＊、150 V·A、200 V·A＊、250 V·A、300 V·A、400 V·A、500 V·A＊，其中有＊号者应优先选用。

2. 电压互感器的误差及准确度等级

（1）电压互感器的变比误差和角误差

1）变比误差：电压互感器二次绕组的输出电压 U_2 与变比 K 的乘积与一次电压数值之间的误差称为变比误差。用公式表示如下：

$$\Delta U\% = \frac{U_2K - U_{1n}}{U_{1n}} \times 100\%$$

式中　U_{1n}——电压互感器一次额定电压；

U_2——二次电压实测值；

K——电压互感器的额定电压比。

2）角误差：指二次电压相量与一次电压相量间的夹角 δ。该误差称为角误差 δ。如果二次侧电压转过 180°后，超前于一次电压，角误差为正；反之为负。

电压互感器的两种误差与下列因素有关：

①与励磁电流有关，励磁电流增大时，误差也增大。

②与互感器的电阻、感抗及漏抗有关，阻抗和漏抗增大时，误差加大。

③与负载和功率因数有关，负载加大，误差也增大；功率因数减小时，角误差明显加大。

④与电压波动有关，只有当一次电压在规定的范围内波动时，才能保证不超过准确度规定的允许值。

（2）电压互感器的准确度等级（级次）。电压互感器供测量用绕组的准确度等级以额定电压和相应准确度等级所规定的额定负荷下最大允许电压误差的百分数来标称。我国电压互感器的标准准确级分为 0.1 级、0.2 级、0.5 级、1 级、3 级共五级，其规定条件下的电压误差极限分别为 ±0.1%、±0.2%、±0.5%、±1%、±3%，其中前四者相应的角误差分别为 5′、10′、20′和 40′，对 ±3% 不作规定。

供保护用绕组的标准准确度有 3P 和 6P，其标称数字“3”与“6”表示在 5% ~ 100% 额定电压范围内相应准确级次最大允许电压误差的百分数，数字后面的标注 P 代表供保护用。3P 和 6P 相应的角误差为 120′和 240′。

电压互感器的每个准确等级都规定有相应的二次负荷额定容量，用 V · A 表示。不同的准确度等级与相应的额定容量在铭牌上都有标注。当实际二次负荷超过规定的额定容量时，电压互感器的准确度将会降低，所以应注意运行互感器的二次侧所接总负荷不能超出所需准确度的额定容量。

2.1.7 断路器

1. 断路器的灭弧原理

（1）电弧的形成。当断路器断开电路时，在触头的分离过程中，一方面，由于动、静触头间的接触压力和接触面积不断下降和减少，接触电阻迅速增大，所以接触处的温度将急剧升高；另一方面，在触头初分瞬间，由于触头间的距离很小，所以其间电场强度很高。作为阴极的触头在高温和强电场的作用下将发生热电子发射（电极的高温使金属内的自由电子从金属表面逸出）和强电场发射（电场力把金属中的自由电子从阴极表面拉出）。由阴极发射出的电子在电场力的作用下逐渐加速运动，迅速奔向阳极。在高速运动的电子奔向阳极的过程中，不断与气体分子碰撞，当积累足够大的动能时，可使中性分子分离成自由电子和正离子，这一过程称为碰撞游离。新产生的电子将和原有的电子一起以极高的速度向阳极运动，当它们和其他中性气体分子相碰撞时，再次发生碰撞游离，由此连续不断地碰撞游离，触头之间的电子和正离子使触头之间的导电性能大大增加，电路中的电流也就越来越大，最后形成了电弧。

电弧的形成过程实际上是个连续的过程。最初由阴极借强电场和热电子发射提供起始自由电子，然后，由碰撞游离而导致介质击穿，产生电弧，最后靠热游离来维持。

（2）断路器的灭弧。电弧燃烧过程中总是同时存在游离与去游离两种现象。灭弧就是设法控制电弧的电导率，使电导率有很大的变化范围和尽量快的变化速度，促使电弧通道中的去游离作用增强，降低电导率。当电导率趋近于零时，电弧就将失去导电性而熄灭。断路器的灭弧正是利用电弧的游离和去游离的矛盾，加速去游离的进行，减弱热游离过程。在电弧电流过零后，一方面，灭弧介质使电弧冷却，迅速降低弧隙电导率与增强去游离，从而加速介质绝缘强度的恢复；另一方面，加在弧隙上的电力系统电压也在不断上升，企图增加弧隙电导率重新点燃电弧。当断路器弧隙中的介质绝缘强度大于电网恢复电压时，电弧才能熄灭。

2. 断路器的类型及基本参数

（1）断路器的类型。断路器按灭弧介质进行分类，可分为油断路器、压缩空气断路器、真空断路器、SF_6断路器四种类型。目前，上海轨道交通变电站内广泛采用真空断路器和SF_6断路器。

利用真空介质的高绝缘强度来熄灭电弧的断路器，称为真空断路器。断路器触头在真空中不易氧化，具有寿命长、行程短、体积小等特点。

采用具有优良灭弧性能和绝缘性能的SF_6气体作为灭弧介质的断路器，称为SF_6断路器。SF_6是一种无色、无臭、无毒、不燃的气体，具有很好的绝缘性能和灭弧性能，具有优良的高温导热性等优良的物理、化学、电气性能。SF_6断路器具有开断能力强，断口电压较小，允许连续开断次数多等特点，适用于频繁操作、噪声小、无火灾危险的场合。

（2）断路器的主要技术参数

1）额定电压。额定电压是指断路器能承受的正常工作线电压。额定电压不仅决定了断路器的绝缘要求，而且在相当程度上决定了断路器的总体尺寸和灭弧条件。

2）额定电流。额定电流是指可以长期通过断路器的工作电流。断路器长期通过额定电流时，其各部分的发热温度不超过允许值。额定电流决定了断路器触头及导电部分的截面，并且在某种程度上决定了它的结构。

3）额定开断电流。在额定电压下，规定的时间内断路器能可靠切断的最大电流的有效值，称为额定开断电流（I_K），它表示断路器的断路能力。

4）动稳定电流。断路器在闭合位置时，所能通过的最大短路电流称为动稳定电流，也称额定峰值耐受电流，它表明断路器在冲击短路电流作用下，承受电动力的能力。这个值的大小由导电及绝缘等部分的强度决定。

5）热稳定电流。热稳定电流是指断路器在某规定时间内，允许通过的最大电流，它表示断路器承受短路电流热效应的能力。在规定时间内能够保证断路器不损坏的条件下，允许通过的短路电流值，称为规定时间的热稳定电流，以短路电流的有效值表示。

6）额定短路关合电流。额定短路关合电流是指断路器在额定电压、规定的使用和性能条件下，断路器能保证正常关合的最大短路峰值电流。

3. GIS组合电气元件的特殊要求

（1）全封闭组合电器内SF_6气体的年漏气量应不大于1%。

（2）组合电器机械寿命应达到10 000～12 000次，对所有操动机构提出了很严格的要求。元件的机械、电气寿命应与检修周期相配。

（3）隔离开关应具有分断环流的能力及切合电容电流能力，为降低操作过电压、外壳感应电压等，应使合闸速度提高到1.7 m/s。

（4）接地开关具有能切合静电感应电流及电磁感应电流的能力。快速接地开关要能快速合闸或分闸操作，一般平均速度大于1 m/s。

（5）GIS组合电器伸缩接头在安装调整时，可调节GIS制造上的尺寸误差和安装误差，基础间的相对移位（不均匀沉陷），调节热伸缩可克服长母线筒温度变化引起的变形，吸收地震过程中的位移。

（6）GIS组合电器内部相同压力或不同压力的各电气元件的气室间设置以环氧树脂材料真空浇注加工而成的盆式绝缘子，使SF_6气体互不相通，并起密封、绝缘的作用。

（7）各气室上安装压力释放装置，当GIS组合电器内部出现故障，电弧造成SF_6气体压力增高，超过允许值时，压力释放装置动作，使故障气室压力下降，保护GIS壳体免受过压。

4. 常见 GIS 组合电器介绍

EXK－01 型 110 kV GIS 如图 2—20 所示。

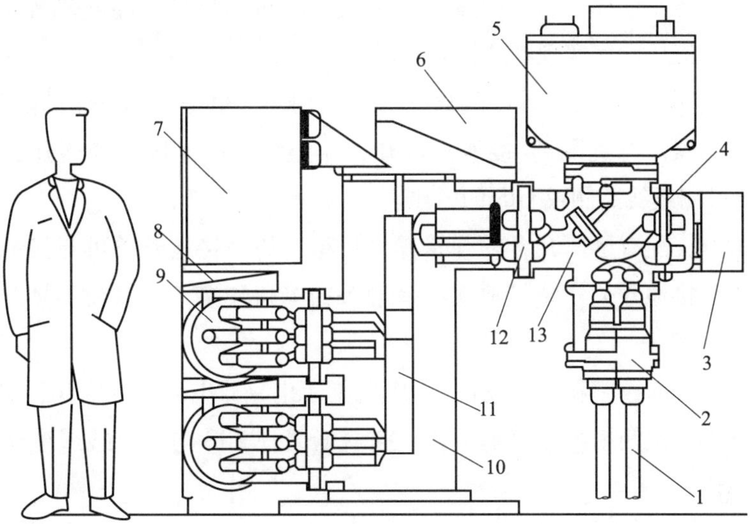

图 2—20　EXK－01 型 110kV GIS

1—电缆　2—插拔式电缆终端　3—快速接地开关　4—支承绝缘子　5—电压互感器
6—断路器操作机构　7—集成式就地控制柜　8—隔离/接地开关操作机构
9—带组合隔离/接地开关的母线　10—断路器　11—灭弧室
12—隔离绝缘子　13—带隔离/接地开关的电缆终端

GIS 通过电气隔离绝缘子分为各个独立的气室，所有法兰连接处用防老化的 O 形环密封。在断路器气室中，SF_6既用于绝缘，又用于灭弧介质，在其他气室中，只作为绝缘介质。每个气室都装有气体截止阀，截止阀连接有气体密度继电器和气体充放装置，通过温度补偿气体密度继电器可以检测气体密度。每个间隔配有一面就地控制柜，包含所有用于控制、显示和联锁的辅助设备。

GIS 母线系统由每条馈线的独立母线段组成。每个馈线的母线相位导体安装在隔离绝缘子上，隔离绝缘子将各馈线分开。母线模块有一个可横向收缩的伸缩节，可大大减小张力，母线连接处的带弹簧装置的法兰可补偿任何压力或温度造成的长度变化。母线模块中带有组合隔离/接地开关，隔离/接地开关的操作机构安装在 GIS 外壳上，通过公共齿轮和绝缘传动杆，电动机驱动三副动触点同时运动。通过独立曲柄可对组合隔离开关/接地开关进行手动操作。

带电流互感器的断路器为单压、单断口、自能式，每相一个灭弧室。开断短路电流时，自能灭弧断路器利用电弧的热能产生灭弧所需的气流，与压气室断路器相比，可节省80%的操作能量。断路器通过液压弹簧操作机构进行三相联动操作，液压弹簧操作机构包括液压驱动部分和高强度碟形弹簧储存机构能量，碟形弹簧通过液压储存操作能量，借助液压活塞实现断路器触头的合分。

GIS 中的线路隔离开关与母线隔离开关结构相同，也是电动操作的隔离/接地组合开关。电压互感器可与此隔离/接地组合开关相连接，可连接到隔离开关的线路侧或 GIS 侧，因此可测量线路侧或 GIS 侧电压。

快速接地开关配有迅速开合的弹簧操作机构，快速接地开关可与接地的 GIS 外壳隔离，通过移开接地开关外壳与独立绝缘触头的电路连接，可以在不打开气室的情况下接入 GIS 主回路。

为了配合常规的控制和保护设备，GIS 装配了电磁式电流和电压互感器，用于测量和保护，互感器一次侧用 SF_6绝缘。SF_6 - 空气套管使 GIS 与架空线或变压器的套管相连。

5. SF_6 断路器灭弧室

SF_6断路器灭弧室从结构上可分为双压式、压气式、旋弧式、自吹式。双压式 SF_6 断路器灭弧室结构复杂，目前已被淘汰，下面介绍其他三种结构的灭弧室。

压气式灭弧室是按压气活塞的原理制成单压式。开断时，利用动触杆的活塞运动，将压气缸中的 SF_6气体压缩，当喷口被打开时，在触头喷口间产生气流吹弧，当分断动作完毕，压力作用即停止，触头间又恢复为正常的气压状态，吹弧能量来自操动机构。单压式压力较低，结构简单，动作可靠。

旋弧式灭弧室是在静触头附近设置磁吹线圈。开断时，线圈被电弧串入回路，在动静触头间产生磁场，使被开断的电弧围绕触头中心旋转，最终熄灭。旋弧式灭弧室结构简单，触头烧损轻微。

自吹式灭弧室是依靠磁场使电弧旋转或利用电弧阻塞原理，由电弧的能量加热 SF_6 气体，使之压力增高形成气吹，使电弧熄灭。由此可见，高压力气体是依靠电弧本身能量加热气体而产生，开断电流越大，压力升高越大，吹弧效果越好，电弧熄灭也越容易。但是这种灭弧室由于在开断小电流时电弧能量小，因此，必须与压气式灭弧室结合使用。

6. HB12 型 SF_6断路器

HB12 型 SF_6断路器的整体结构如图 2—21 所示，为自吹式灭弧。

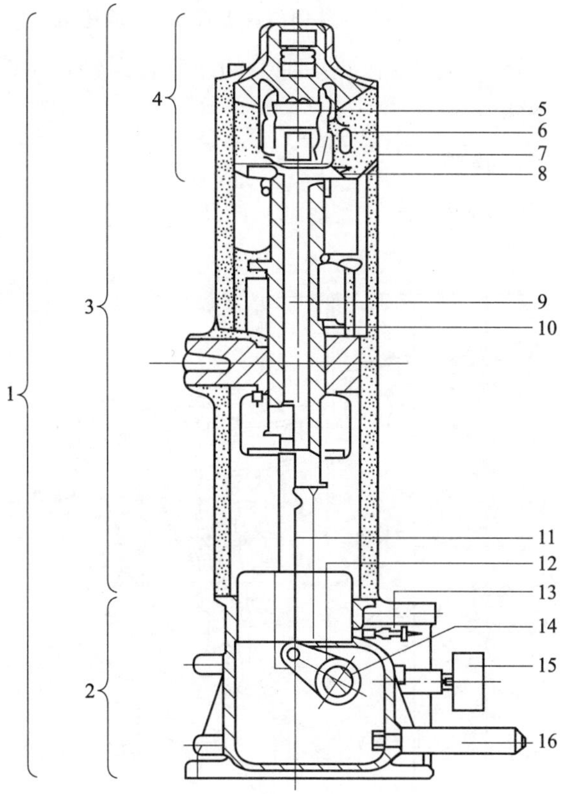

图 2—21 HB12 型 SF_6 断路器的整体结构

1—单极灭弧装置 2—铸铝基座 3—灭弧室 4—静触头装配

5—静触头 6—引弧接触指 7—圆筒形线圈 8—引弧环

9—动触头导电管 10—辅助压气活塞 11—绝缘拉杆

12—拐臂 13—充气阀 14—六角传动轴

15—SF_6 气压表 16—气压传感器

HB12 型 SF_6断路器的灭弧室是永久性密封的，三极柱置于基座上，弹簧操动机构通过拐臂，绝缘拉杆使动触头导电管做上下运动。分闸操作时，动触头导电管向下运动，电弧由引弧接触指转移到引弧环上，磁吹线圈自动接入，电弧在径向磁场作用下轴向旋转，加热周围的 SF_6气体，压力升高，高压力的 SF_6气体通过动触头导电管的内腔排出，使电弧冷却而熄灭。为了提高小电流时的灭弧性能，HB 型断路器上设有辅助压力活塞，它随导电杆一起向下移动，压气室的气体经导电杆内腔向外喷出使电弧熄灭。

该断路器的操动机构是 KHB 型弹簧操动机构，由一组螺旋形压力弹簧组装而成，所储存的能量足以进行一次“合—分”操作，所释放的能量通过差动轮系传到驱动杆上，使该轴朝一个方向转动，固定在驱动轴上的凸轮将运动传给断路器。弹簧操动机构有手动和电动两种储能方式。

7. 35 kV SF_6真空断路器

以西门子 8DA10 型 35 kV GIS 开关柜（见图 2—22）为例。

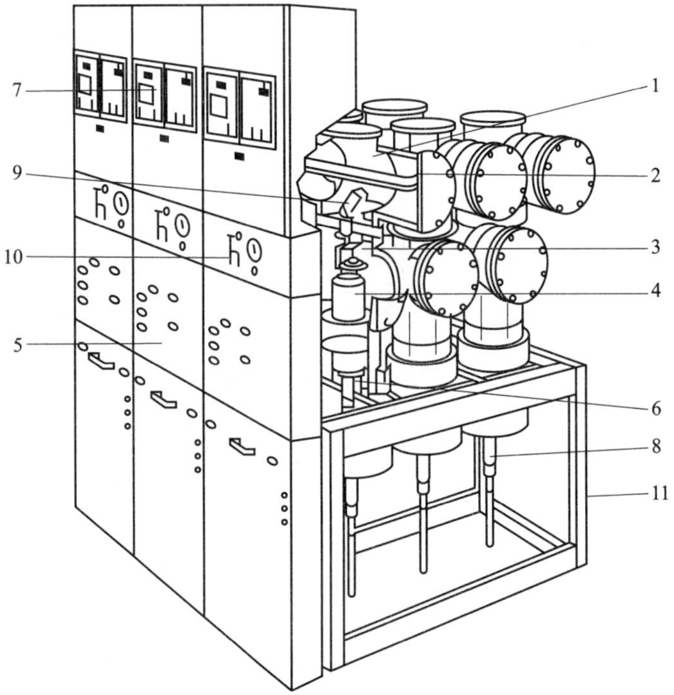

图 2—22 8DA10 型 35 kV GIS 开关柜

1—有箱盖的铝铸室 2—母线 3—具有上下套管的断路器电极 4—真空断路器
5—断路器操作机构 6—电流互感器 7—辅助设备 8—电缆及终端头
9—三位置闸刀 10—操作机构和三位置隔离开关联锁 11—支架

开关柜内断路器室与母线室、断路器室与电缆终端头室之间用环氧套管作为密封，各部分相互独立，环形电流互感器安装在单相外壳的外面。电压互感器有独立的气室，与母线气室之间用环氧套管密封隔离。三个单相的母线气室、断路器气室、电压互感器气室都装有压力监视器，指示气压，当气压异常变动超过上、下极限值时，会发出报警信号。当气压严重超压时，会使防爆膜破裂，释放压力，防止开关柜铝壳损坏。母线选用扁铜排，安装在绝缘子上，该绝缘子能吸收由短路产生的横向力。母线的纵向每隔一段固定一次。单母线开关装置如图2—23所示。图2—24所示为两个母线箱体的连接。

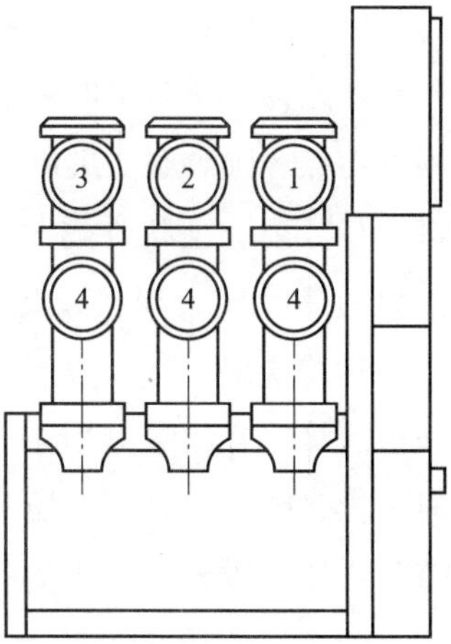

图2—23　单母线开关装置

1—母线L1　2—母线L2

3—母线L3　4—断路器

真空断路器安装在金属筒体内，A、B、C三相分相安装，筒内充有SF_6气体作为断路器与筒体之间的绝缘。断路器操作机构安装于开关柜的正前方，操作动力通过轴传动带动真空断路器的动触头分合。操作机构由一个储能电动机进行合闸操作储能，储能弹簧的能量释放使断路器的合闸速度得以提高。在直流操作电源失去时或检修停电时，可以使用摇杆进行手动储能，储能情况可以通过指示器判断。

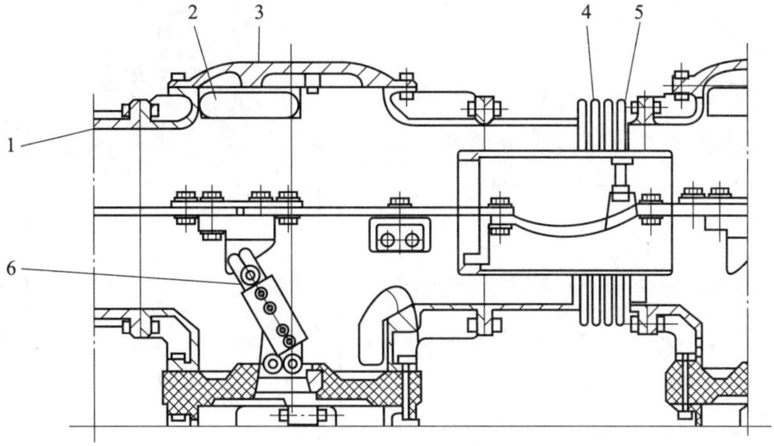

图2—24　两个母线箱体的连接

1—母线室　2—干燥剂　3—盖　4—伸缩节

5—活动母线连接　6—三位置隔离开关

三位置隔离开关安装于母线气室，通过位置指示器可以观察三位置隔离开关所处位置。三位置隔离闸刀与断路器之间存在机械闭锁，当断路器合闸时，三位置隔离开关操作孔将被铁片挡住，无法操作。只有当断路器分闸时，才能用操作杆插入操作孔操作三位置隔离开关。GIS室剖面图如图2—25所示。

8. 真空断路器的灭弧原理

当断路器触头带电时，触头局部区域的温度随着接触电阻的增大很快上升到触头材料的熔点。随着触头继续运动，该局部熔化的金属被拉成很细的液态桥。随着触头的进一步分离，金属桥截面变细，短路电流产生的热量使金属桥发生爆炸式气化，产生大量的金属蒸气、金属离子、炽热的金属液滴等，在间隙电场作用下，在很短的时间内燃弧，并且由电极本身蒸发的金属蒸气维持，因此，只要使电极间和触头周围金属蒸气的密度降到一定程度，真空电弧就会自然熄灭。

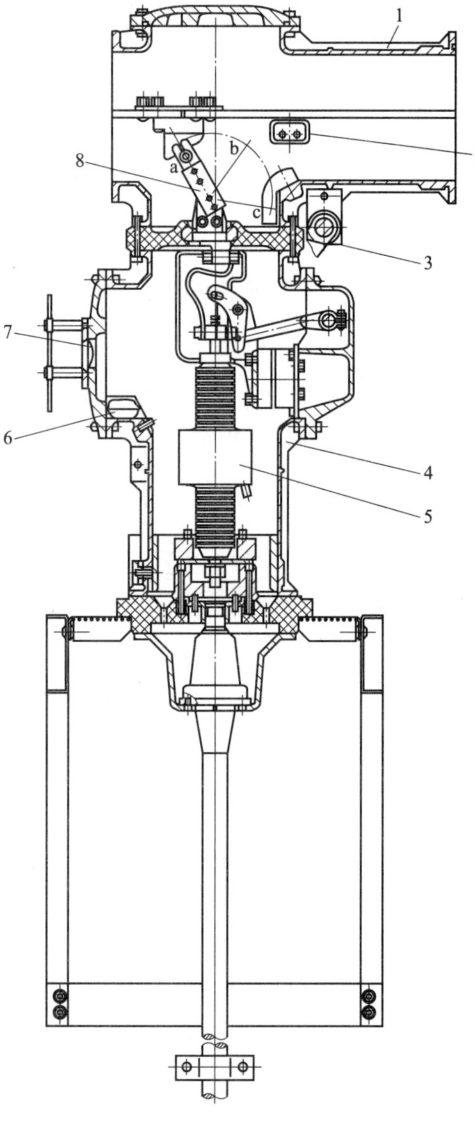

图 2—25　GIS 室剖面图

1—母线室　2—塑制塑料支撑　3—套管
4—断路器室　5—真空断路器
6—干燥剂　7—防爆膜　8—三位置隔离开关

真空电弧的形态对灭弧至关重要，电弧形态分为扩散型和集聚型两种。电弧电流较小时，阴极上只存在一个称为阴极斑点的强烈发光点，并发射电子，产生金属蒸气，电流密度很大，温度可达到金属沸点。当电流逐渐增大，斑点开始分裂，阴极斑点增多，并在阴极表面不停地运动，处于不断熄灭、产生和分裂的动态过程中，真空电弧由其燃烧而成。这种不断向四周扩散的真空电弧称为扩散型真空电弧。当阴极斑点移动后，熔化的金属在微秒数量级时间内就会凝固。在交流电流过零时，由于电子与金属原子碰撞形成的电弧极间的等离子体密度迅速降低，使触头间隙的介质强度迅速提高，电弧开断。

当真空电弧电流超过一定极限（10 kA 左右），使阳极表面严重过热，成为能量密集的阳极斑点，则原来扩散型的弧柱变成了集聚型的弧柱。电流过零时，残余等离子体向四周扩散，但其电极表面大面积的熔区在熄弧后数毫秒内仍向间隙输送大量的金属蒸气，集聚型真空电弧几乎不可能开断。

横向磁场触头结构和纵向磁场触头结构是目前比较普遍使用的两类触头结构，具有较高的开断能力。

横向磁场触头的原理是利用电流流过触头本身产生横向磁场驱使集聚型电弧运动，避免触头表面局部过热，抑制或推迟阳极斑点的产生，这对提高开断能力有明显效果。横向磁场触头有螺旋槽触头和杯状触头两类，如图2—26所示。

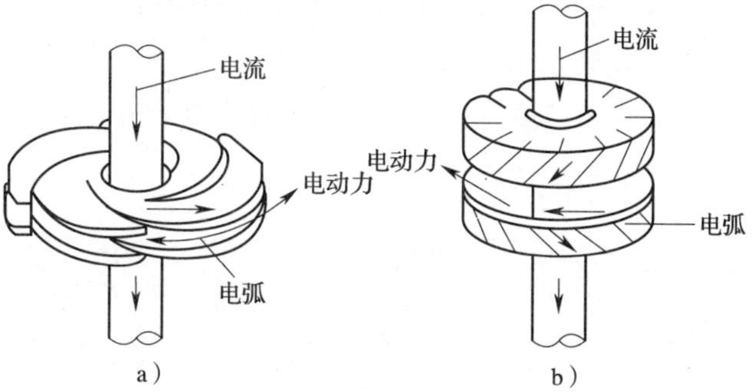

图2—26　横向磁场的触头

a）螺旋槽触头　b）杯状触头

螺旋槽触头（见图2—27）的中部凸起处是圆环状的接触面，接触面周围的圆盘上开有螺旋槽，并延伸到圆盘的边缘。当触头分开时，在接触面上产生的电弧在电磁场作用下从位置 a 向外移到 b。电弧受到螺旋槽的限制，分解为切向分量 i_1 和径向分量 i_2。切向分量 i_1 产生的磁场B与电弧电流形成的电动力是沿切线方向的，它使电弧在触头外缘上下不断沿触头的圆周旋转，从而使电弧分散在触头表面较大面积范围内，减轻触头表面局部过热。

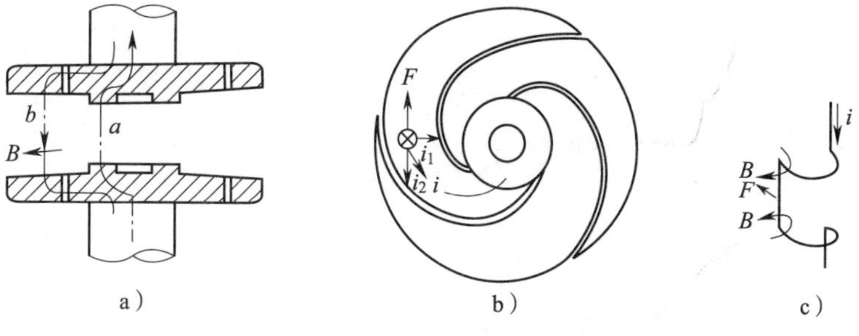

图2—27　螺旋槽触头

a）纵剖面图　b）下触头顶视图　c）电流与磁场走向

杯状触头的杯壁上开有很多倾斜的槽，动静触头上的槽方向相反。电流流过斜槽呈现很大的切向分量，从而产生横向磁场。杯状触头带电分离时形成很多并行的电流不太大的聚集型电弧，相互之间因斜槽限制无法进一步集聚，因此，杯状触头的电弧电压比螺旋槽的更低，电磨损率也较小，开断性能更好。

纵向磁场触头是较新型的结构，触头结构如图2—28所示。其线圈为轮状，有四个轮辐，中心与导电杆连接，阴影凸起部分与盘形触头固定。盘形触头上有八条槽用来减少涡流，保证交流电流过零时，纵向磁场强度同时为零。在分断短路电流时，电流经导电杆进入线圈的中心部分，然后分成四路经轮辐流向轮缘，再由凸起部分流入盘形触头，经触头间的电弧进入上触头。电弧间隙中的纵向磁场由上下两个线圈共同产生，纵向磁场强度与电弧电流成正比。纵向磁场触头具有开断容量大、截流水平低、截流过电压小等优点，从而得到越来越广泛的使用。

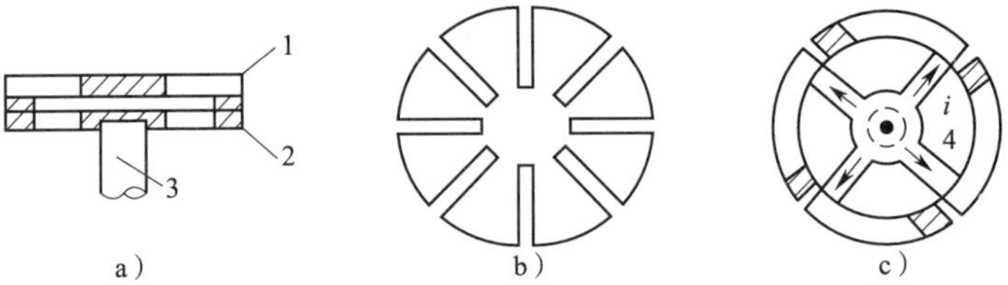

图2—28　纵向磁场触头结构

a）纵剖面图　b）盘形触头　c）线圈

1—盘形触头　2—线圈　3—导电杆

9. 常用真空断路器介绍

（1）西门子3AF型真空断路器。3AF型真空断路器由机械外壳（60）、带真空断路器（30）的三个开关极（19）、树脂浇注支撑绝缘子（16.1、16.2）、支柱（28）和操作杆（48）组成，如图2—29所示。机械外壳用可移动盖板（60.1）封装。机械室内部装有操作和控制元件，每个开关极都由两个绝缘子支撑，绝缘子分别用螺钉固定在横梁（14）和开关极板上。开关极由带有上出线端（27）的上部支撑（20）、真空断路器、带有下出线端（29）的下部支撑（40）、带有活动连接器（29.1）的夹钳以及角形杆组成。带有操作杆的接触压力弹簧（49）由玻璃纤维和环氧树脂制成，将操作机构的动作传动给开关极。

（2）ZN□-10型真空断路器。ZN□-10型真空断路器的整体结构如图2—30所示。三相真空灭弧室用螺钉固定在上下铝支架间，经绝缘子固定在底板上。铝支架间由绝缘子支撑，下出线端上有软连接与灭弧室导电杆上的导电夹相连。导电杆通过一轴销与下出线座内拐臂相连。断路器主轴通过绝缘拉杆把力传给导电杆，使断路器分

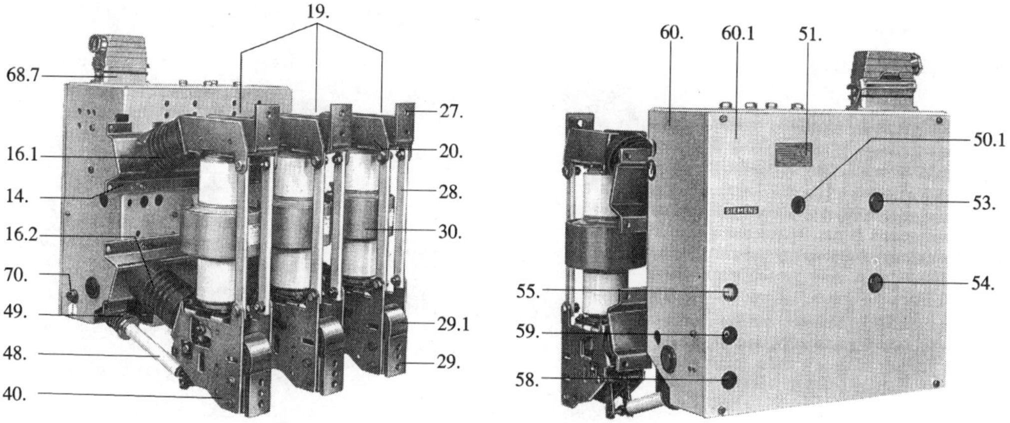

图 2—29　3AF 型真空断路器

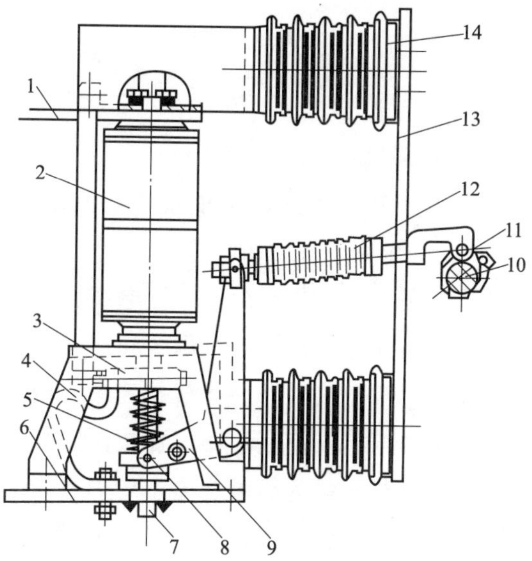

图 2—30　ZN□－10 型真空断路器的整体结构

1—上出线端　2—真空灭弧室　3—导电夹　4—软连接　5—触头弹簧　6—下出线端
7—导向杆　8—轴销　9、11—拐臂　10—主轴　12—绝缘拉杆　13—底板　14—绝缘子

合闸。ZN 系列真空断路器配用铜铬合金触头封闭结构的小型化灭弧室，灭弧室直径小，开断能力强，电气寿命长，截电流小。

ZN□－10 型断路器采用弹簧储能操动机构，由储能机构、锁定机构、分闸弹簧、合闸弹簧、主轴、缓冲器及控制装置等组成。弹簧可由电动机储能，也可用手柄人力储能。如果断路器处于分闸状态，而弹簧已储能，合闸时接通合闸线圈，使弹簧锁扣释放，在弹簧力的作用下推动连杆完成合闸动作。合闸完成后，会自动启动电动机，使弹簧重新储能。如果需要分闸，则接通分闸线圈电路，使分闸弹簧锁扣释放，在分闸弹簧作用下完成分闸。

（3）东芝 VK 型真空断路器。VK 型真空断路器手车包括触指型隔离插头、绝缘筒、真空断路器及操作机构。操作机构采用弹簧储能式操作机构，具有手动储能和电动储能功能，并且有防跳装置。操作机构装设有机械和电气联锁，可以防止误操作。带缓冲弹簧的操作机构在分闸过程中可以把真空断路器的触头在断开时产生的反弹限制在最小，以降低操作过电压。底部配有底盘车，可实现关门操作。VK 型真空断路器外观如图 2—31 所示。

图 2—31　VK 型真空断路器外观

2.1.8　隔离开关

1．隔离开关的结构和工作原理

隔离开关主要分为底座、支持绝缘子、导电系统和操动系统四个部分。下面以 GW_8 型中性点隔离开关为例，简单介绍其结构原理。

GW_8 型中性点隔离开关由底座、支持绝缘子、导电杆、触头、接线板等组成，如图 2—32 所示。在支持瓷瓶上部有静触头及连接母线和接线板，在支持瓷瓶和绝缘瓶之间有金属支架、操作拐臂、操作瓷瓶。CS_8-5 机构通过连杆、操作瓷瓶、拐臂带动闸刀做分、合闸运动。由于其采用绝缘瓷瓶和操作瓷瓶作绝缘，使中性点可以通过电流互感器和其他设备再接地。隔离开关的静触头由一对静触指、弹簧、弹座指三部分组成。操作 CS_8 手力操动机构手柄，通过传动连杆的上下运动操作闸刀上下转动，便可使开关合闸和分闸。

2．隔离开关的类型

隔离开关可按下列原则进行分类：

（1）按绝缘支柱的数目，可分为单柱式、双柱式及三柱式隔离开关。

（2）按运动方式，可分为水平旋转式、垂直旋转式、摆动式和插入式四种。

（3）按装设地点，可分为户内式和户外式两种。

（4）按有无接地闸刀，可分为有接地闸刀和无接地闸刀两种。

（5）按极数，可分为单极和三极两种。

（6）按配用的操动机构，可分为手动、电动和气动操作等类型。

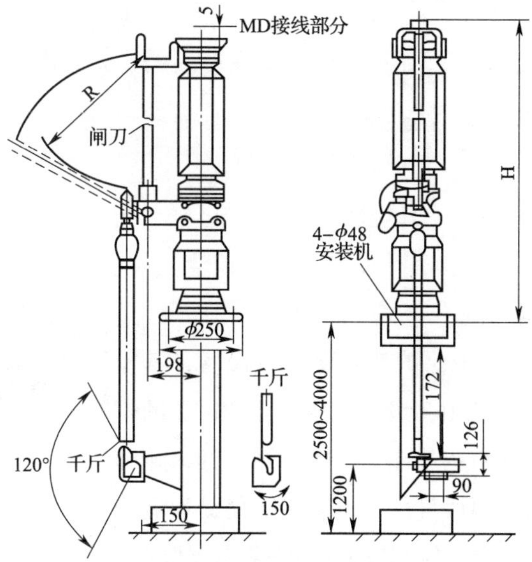

图 2—32　GW_8型中性点隔离开关

2.1.9　电缆

1. 电缆终端

电缆终端是安装在电缆线路末端，具有一定绝缘和密封性能，用以将电缆与其他电气设备相连接的电缆附件。

按使用场所不同，电缆终端可分为户内终端、户外终端、设备终端、GIS 终端；按所用材料不同，电缆终端可分为热缩型、冷缩型、橡胶预制型、绕包型、瓷套型、浇铸（树脂）型等。

2. 电缆接头

电缆接头是安装在电缆与电缆之间，使两根及以上电缆导体连通，并具有一定绝缘、密封性能的附件。

按其功能不同，电缆接头可分为普通接头、绝缘接头、塞止接头、分支接头、过渡接头、转换接头、软接头等；按所用材料不同，电缆接头有热缩型、冷缩型、绕包型、模塑型、预制件装配型、浇铸（树脂）型、注塑型等。

2.1.10　避雷器

1. FS 系列避雷器

FS 系列阀型避雷器用来保护小容量的配电装置，其额定电压等级为 3 ~ 10 kV，采用平板间隙和低温阀片，其结构如图 2—33 所示。其火花间隙和阀片同装在一个瓷套内，上部用螺旋形弹簧压紧，弹簧用铜片短接以减小避雷器的感抗。瓷套为密封式，并配有安装金具。

FS 系列避雷器所用的阀片直径较小，火花间隙不配分路电阻，所以其通流容量小，伏安特性也比较陡。

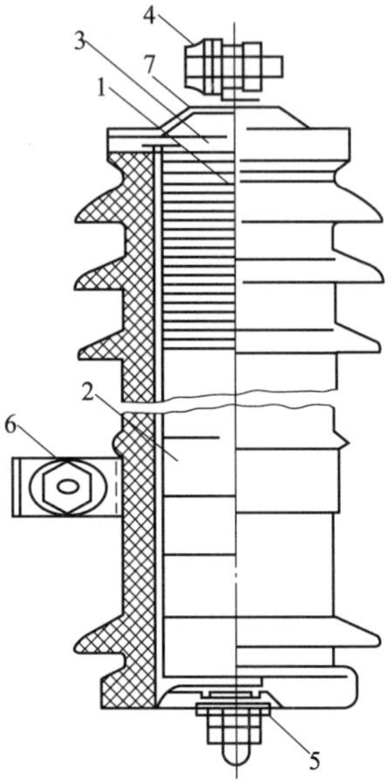

图 2—33 FS 系列阀型避雷器结构

1—间隙 2—阀片 3—弹簧

4—接线端子 5—接地端子

6—固定夹 7—铜片

2. FZ 系列避雷器

FZ 系列阀型避雷器用于保护变电所电气设备，其额定电压等级为 35～220 kV，由多级组合而成。避雷器的基本元件密封于瓷套内，其结构如图 2—34 所示。其火花间隙采用标准火花间隙组，阀片直径为100 mm，使其通流能力提高，其残压和冲击放电电压都较 FS 系列避雷器低。

3. 磁吹式避雷器

为了进一步改善阀式避雷器的性能，常采用磁吹间隙，即利用磁场使电弧运动加速去游离，以提高间隙的灭弧能力。常用的磁吹间隙有电弧旋转式和电弧拉长式两种。

为防止磁吹线圈在雷电流作用下发生损坏，通常在磁吹线圈 1 上并接一分流间隙（也称辅助间隙）2，其结构原理如图 2—35 所示。当雷电过电压作用于磁吹避雷器时，

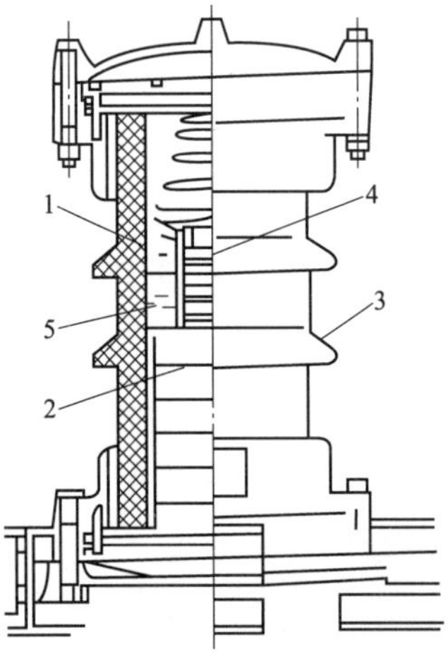

图 2—34 FZ 系列阀型避雷器结构

1—火花间隙组 2—阀片 3—瓷套

4—云母片 5—并联电阻

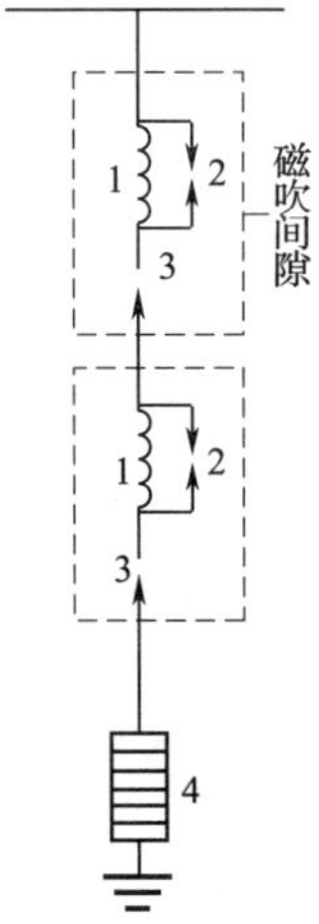

图 2—35 磁吹式避雷器结构原理

1—磁吹线圈 2—分流间隙

3—主间隙 4—阀片

主、辅间隙同时被击穿，雷电流不经过磁吹线圈即被引入大地。雷电流泄放入大地之后，工频续流仍然存在，辅助间隙中电弧首先自动熄灭，同时工频续流流经磁吹线圈并产生磁场，加速主间隙电弧的熄灭。

2.1.11　电力电容器

1．电力电容器运行参数

（1）额定电压。电容器额定电压原则上应等于电网中的额定电压，必须注意的是当电容器接入电网后，其端电压会有所升高，因此，电容器的额定电压应略高于电网的额定电压，其数值一般为该电网额定电压的1.05倍。

（2）运行温度。电容器在规定的环境温度范围内工作。为了防止温度影响电容器的寿命，电容器应避免在超过上限温度的情况下工作，也应避免在低于下限温度的情况下投入使用，否则电容器可能会发生击穿或在其介质中产生局部放电而过早损坏。

（3）过电压。过电压对电容器的危害很大，各种过电压对电容器寿命的影响是与过电压的幅值、作用时间和作用次数及电容器的温度有关，电容器能在1.05倍额定电压下长期运行，并能在1.1倍额定电压下运行4 h，但应尽量避免与最高环境温度及瞬时过电压同时出现。

切合电容器组采用非重燃断路器（如真空断路器等）。当电容器与电动机直接连接作单台补偿时，为了防止电动机自激产生过电压，电容器的电流应比电动机的空载电流小约10%。

当电容器或电容器组串联时，电容器或电容器组间的电容容差应尽可能地小，以防止在电容较小的电容器或电容器组产生较高的过电压。

（4）过电流。电容器在过电流不超过其额定电流的1.3倍时可连续运行。电容器的过电流是由工频过电压和高次谐波引起的，因此，在轻负荷下电压升高时应切除一部分电容器，如过电流超过上述规定数值，可用串联电抗器抑制。当投入新的电容器组，使其与正在运行的电容器组并联运行时，可能产生高幅值和高频率的瞬时过电流（即涌流），因此，一般在一组母线上不设置两组及以上的电容器组。

未装设串联电抗器的电容器组不可以相互投切，即一组母线上已有一组电容器投运时，不可将另一组电容器再投入运行母线上运行。同样，在两组母线实连时，已有一组电容器投运时，不可将另一组投入，如两组电容器已分别在两组母线上运行，则在母联（或分段）断路器合、分操作时，可不停用电容器。

装有串联电抗器的电容器组可以相互投切。

（5）铁磁谐振。在轻负荷下投入空载变压器或并联电抗器时易发生铁磁谐振，产生过电流，为了消除这种现象，在投入变压器或电抗器前，可暂时切除电容器组。

2．电力电容器的基本结构

电力电容器主要由外壳、电容元件、液体和固体绝缘、紧固件、引出线和套管等元件组成。

电力电容器外壳有金属外壳和绝缘外壳两种。金属外壳导热性能好，有利于散热，且由于箱壁薄钢板有弹性，当电容器温度上升，绝缘油体积膨胀时，可调节压力，防止油箱爆裂。绝缘外壳包括瓷外壳和胶纸筒外壳两种。绝缘外壳导热性能较差，不能调节内部压力，必须采用特殊的温度补偿装置来满足散热效果。绝缘外壳的优点是体积和质量都比金属外壳小得多。

电容元件主要采用卷绕的形式，即用铺有铝箔的电容器纸（或薄膜）卷绕成圆柱状卷束，然后压成扁平状。铝箔是电容元件的极板，是载流导体，电流通过时会发热和产生电动力。电容元件在安装中应注意压紧，以免极板和引线因振动而疲劳损坏。

20世纪60年代后期，随着聚丙烯电工薄膜的出现，电力电容器很快地从全纸介质经过纸膜复合介质向全膜介质发展。全膜电容器的固体介质材料是聚丙烯薄膜，液体介质材料是芳香烃类的混合油。聚丙烯全膜介质的耐压强度和强度都很高，介质损耗和吸水性小，化学性能和电老化性能都比较好。当发生电容元件击穿后，薄膜融化而使极间短路，不会产生电弧，可避免电弧使油分解产生高压气体，减少油箱爆炸和扩大事故的可能性。

电容元件的极板引出线是由薄铜片搪锡制成的，插在元件内与相应的电极相连。引出线的连接应使不同极板的电流方向相反，以减少电感的数值。

电容元件在电容器内组合时，应满足额定容量和额定电压的要求，通常采用竖排。

电力电容器的主要作用是补偿电力系统的无功功率，提高负荷功率因素，减少线路的无功输送，提高电网的输送功率，减少功率损耗，降低电能损耗和改善电压质量以及提高设备利用率。根据电网的需要和电容器的额定电压、容量大小和保护方式，电容器组可以接成三角形、星形或双星形等接线形式。一般每组电容器均装有串联电抗器，这是为了限制电容器组在合闸过程中的涌流，以限制操作过电压和抑制电网中高次谐波对电容器的影响。电力电容器组在日常应用中投切比较频繁，因此，对电力电容器的正确使用，采取合理的接线和保护方式，掌握维护要点，了解常见故障的产生原因和处理方法，特别是注意过电压和过热对电力电容的影响，对于保证电力电容器的正常运行极其重要。

电容器的负荷直接由线路电压决定，在正常运行中，它总是满负荷的。过电压、过电流和过热都会缩短电容器的寿命，因此，必须严格控制电容器的电压、电流和运行温度。

2.1.12 接地装置

1. 接地及其分类

将电力系统或电气装置的某一部分经接地线连接到接地体称为“接地”。电力系统用的接地按作用不同可分为以下几类：

（1）工作接地。工作接地是为了保证电力系统正常运行所需要的接地。例如，中性点直接接地系统中的变压器中性点接地，其作用是稳定电网对地电位，从而可使对地绝缘降低。

（2）保护接地。保护接地也叫安全接地，是为了人身安全而设置的接地。电气装置的金属外壳、配电装置的构架和线路杆塔等不带电的金属部分，由于绝缘损坏有可能带电，为防止其危及人身和设备的安全，将其与接地体相连接。

（3）防雷接地。防雷接地是为了让强大的雷电流安全导入地中，避免雷电流流过时引起高的电位，如避雷针、避雷线以及避雷器等接地。

（4）防静电接地。防静电接地是为了消除静电危险而设置的接地。由于摩擦而产生静电荷聚集到一定数量会发生静电放电而引起爆炸，因此，它们的外壳必须接地，电力变压器中的铁芯接地即属此种接地。

2. 接地装置

变电站的接地装置与电力系统的安全运行密切相关，接地装置还关系到某些继电保护装置的正确动作。

直接与土壤接触，用以与大地作为一定流散电阻的电气连接的金属导体或导电组称为接地体，通常由金属管制成。

接地体与电气装置的接地部分间的金属连线称为接地线。

接地线和接地体总称为接地装置。它是电气设备安装和运行的一个组成部分，优先利用自然接地体，即利用地下金属构件、金属管道等作为接地体，当不能满足要求时，再安装人工接地体，即按照设计规范要求埋设的金属接地极。

3. 接地电流和接地电阻

从带电体流入大地中的电流，称为接地电流。接地电流有正常工作接地电流和故障接地电流，正常工作接地电流是指正常工作中通过接地装置流入地下的电流，故障接地电流是指出现接地故障时的接地电流。

接地电阻是指电流经过接地体进入大地并向周围扩散时所遇到的电阻。大地具有一定的电阻率，如果有电流流过时，则大地各处就具有不同的电位。电流经接地体注入大地后，它以电流场的形式向四处扩散，离接地点越远，半球形的散流面积越大，地中的电流密度就越小，因此，可认为在较远处（20 m 以外），单位扩散距离的电阻及地中电流密度已接近零，该处电位已为零电位。接地点处的电位 U_m 与接地电流 I 的比值定义为该点的接地电阻 R，$R=U_m/I$。接地电阻主要取决于接地装置的结构、尺寸、埋入地下的深度及当地的土壤电阻率。因金属接地体的电阻率远小于土壤电阻率，故接地体本身的电阻在接地电阻中可以忽略不计。

4．电气装置接地的一般规定

（1）变电站内电气装置的下列金属部分均应接地或与 PEN 线相接：

1）变压器的金属底座和外壳。

2）电气设备的传动装置。

3）配电装置的金属构架以及靠近带电部分的金属遮栏和金属门。

4）配电、控制、保护用的屏（柜、箱）等的金属框架和底座。

5）交、直流电力电缆的接头盒、终端头和膨胀器的金属外壳，电缆的金属护层、可触及的电缆金属保护管和穿线的钢管。

6）电缆桥架、支架和井架。

7）封闭母线的外壳及其他裸露的金属部分。

8）SF_6 封闭式组合电器和箱式变电站的金属箱体。

9）控制电缆的金属护层。

（2）接地装置宜采用钢材。接地装置的导体截面积应符合热稳定和强度的要求，但应不小于表 2—1 所列规格。110 kV 及以上变电所或腐蚀性较强场所的接地装置应采用热镀锌钢材，或适当加大截面积。

表 2—1　　　　钢接地体和接地线的最小规格

条件材料 \ 规格 \ 使用		地上		地下	
		室内	室外	交流电流回路	直流电流回路
圆钢直径（mm）		6	8	10	12
扁钢	截面积（mm^2）	60	100	100	100
	厚度（mm）	3	4	4	6
角钢厚度（mm）		2	2.5	4	6
钢管管壁厚度（mm）		2.5	2.5	3.5	4.5

（3）低压电气设备地面上外露的铜和铝接地线的最小截面积应符合表2—1 的规定。

表2—2　　低压电气设备地面上外露的铜和铝接地线的最小截面积

名称	明敷的裸导体	绝缘导体	电缆的接地芯或与相线包在同一保护外壳内的多芯导线的接地芯
铜（mm^2）	4	1.5	1
铝（mm^2）	6	2.5	1.5

（4）在地下不得采用裸铝导体作为接地体或接地线。

（5）蛇皮管、管道保温层的金属外皮或护网以及电缆铅皮等不得作为接地线。

5．手携式和移动式电气设备的接地

（1）手携式电气设备应用专用芯线接地，严禁利用其他用电设备的 PEN 线接地；PEN 线和接地线应分别与接地装置相连接。

（2）手携式电气设备的接地线应采用软铜绞线，其截面积不小于 1.5 mm^2。

（3）由固定的电源或由移动式发电设备供电的移动式机械的金属外壳或底座，应和这些供电电源的接地装置有金属的连接；在中性点不接地的电网中，可在移动式机械附近装设接地装置，以代替敷设接地线，并应首先利用附近的自然接地体。

2.1.13　绝缘子

1．高压绝缘子的作用

高压绝缘子用于支持固定母线与带电导体，使带电导体间与对地保持有足够的安全距离和绝缘。因此，绝缘子必须有足够的绝缘强度和强度。电气设备用的绝缘子主要包括支持绝缘子、套管绝缘子和线路绝缘子，又可分为户内型和户外型，普通型和防污型。

2．高压绝缘子的基本结构

（1）支持绝缘子。支持绝缘子在变电站中用来支持和固定户内、外配电装置的母线，在电气设备中用来支持载流导体。

如图 2—36 所示为支持绝缘子的结构和形状。户内支持绝缘子分为外胶装、内胶装和联合胶装式。外胶装式是指上下金属附件均装在瓷件外面的绝缘子；内胶装式是指上下金属附件均装在瓷孔里面的绝缘子；联合胶装式是指上金属附件为内胶装结构，下金属附件为外胶装结构的绝缘子。户外支持绝缘子分为针式和棒式，棒式支持绝缘子由于其质量轻、尺寸小、电气性能好、不易老化、在运行中不易发生瓷体击穿等优点，已逐渐替代针式支持绝缘子。

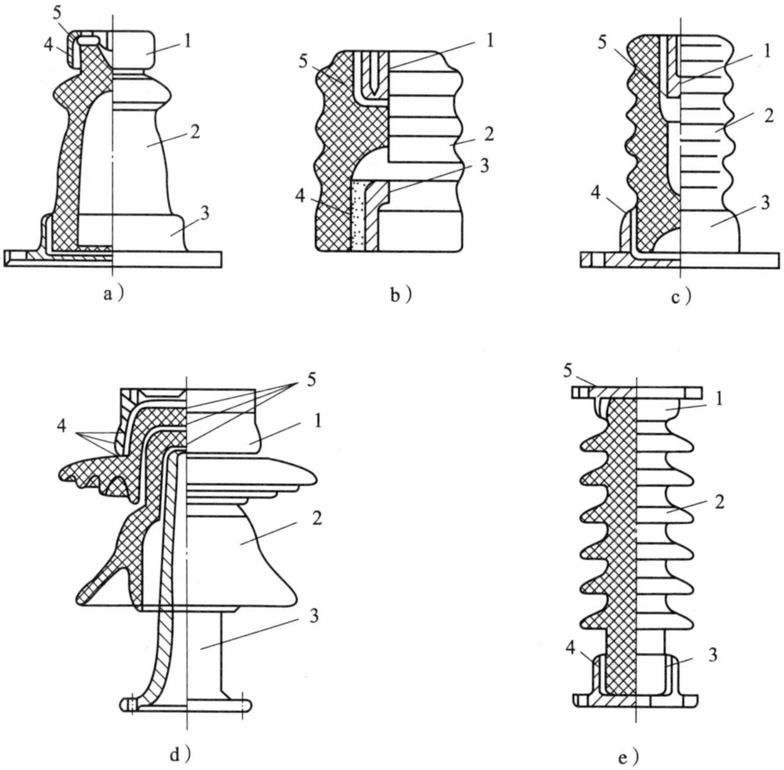

图 2—36　支持绝缘子

a）户内外胶装　b）户内内胶装　c）户内联合胶装　d）户外针式　e）户外棒式

1—上附件　2—瓷件　3—下附件　4—胶合剂　5—纸垫

（2）套管绝缘子。套管绝缘子简称套管，用于高压线路穿越墙壁和楼板、变压器和断路器的引出线、封闭式配电装置中导线的固定等，可分为单一绝缘套管（纯瓷、树脂），复合绝缘套管（充油、充胶、充气）和电容式套管（油纸电容式、胶纸电容式）。各种套管的结构和形状如图 2—37 ~ 图 2—40 所示。电容式套管的内部绝缘中，以锡箔构成多层电极，组成很多个圆柱电容器，目的是使绝缘层上所受的电场均匀，从而提高了耐污性能。另外，由于电容式套管制成全封闭型，故不必担心因油氧化变质或受潮使绝缘耐压水平降低。

（3）线路绝缘子。线路绝缘子分为针式和悬式两种，分别如图 2—41和图 2—42 所示。

（4）瓷横担。瓷横担是绝缘子和横担的结合，瓷横担可以节约钢材，因此得到广泛应用。

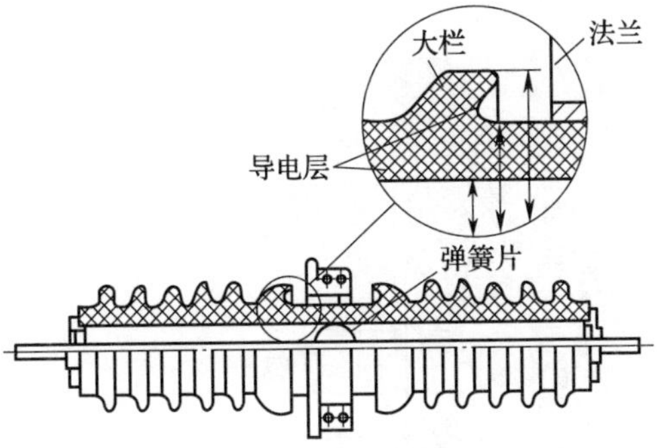

图 2—37　35 kV 纯瓷穿墙套管

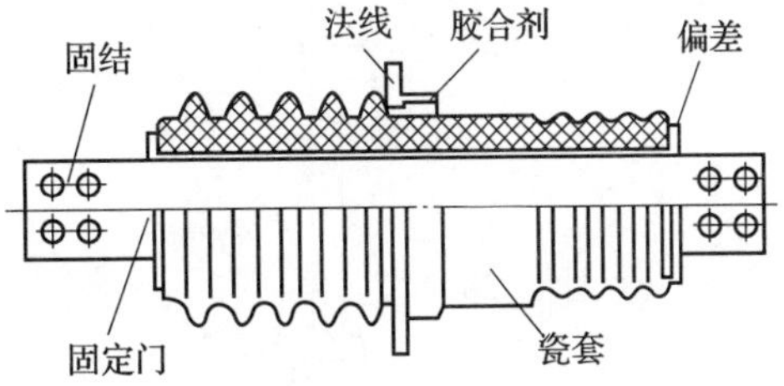

图 2—38　10 kV 纯瓷穿墙套管

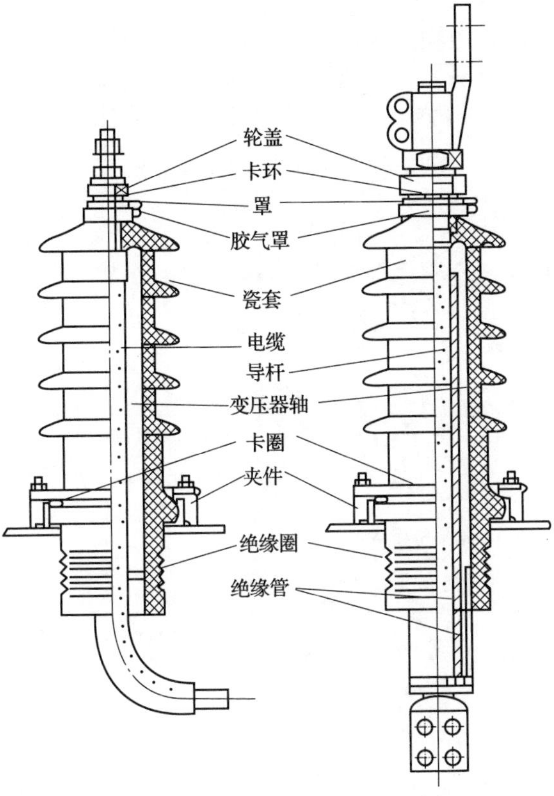

图 2—39　充油变压器套管

a）穿缆式　b）导杆式

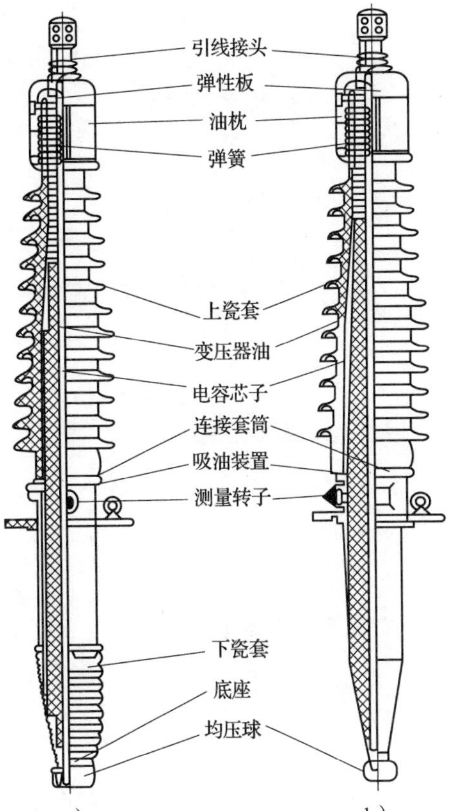

图 2—40　110 kV 电容式变压器套管

a）油纸电容式　b）胶纸电容式

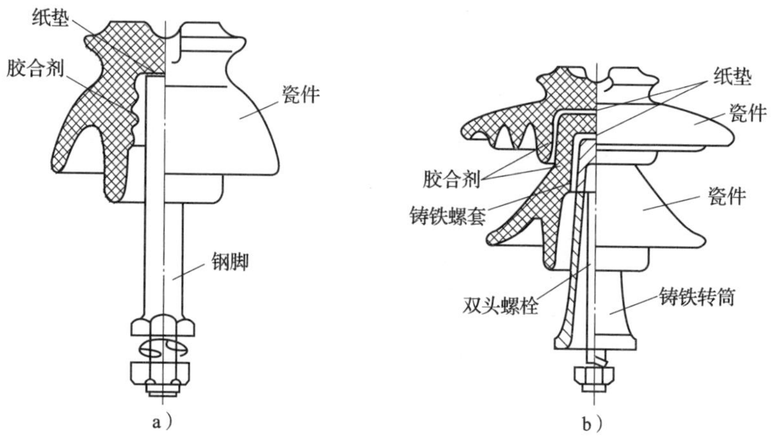

图 2—41　针式绝缘子

a）单瓷件结构　b）双瓷件结构

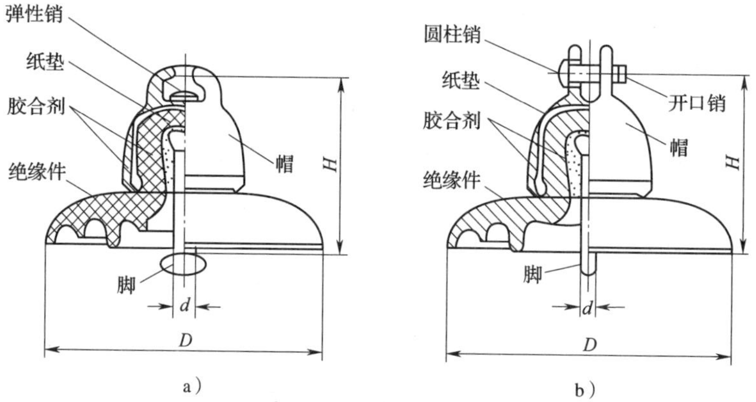

图 2—42　悬式绝缘子

a）球窝链接结构　b）槽形链接结构

2.1.14　整流器

1．整流器柜结构

如图 2—43 所示为整流器柜正视图。每台整流器由两个三相电桥组成，每个三相电桥与相应整流变压器输出两路电压系统中的一路相连，分别为 1L1、1L2、1L3 和 2L1、2L2、2L3。整流器内有三个电源块 A_1、A_2、A_3，以阶梯形安装。每个电源块与两路输入电源之一的一相连接。装有二极管和熔断器的所有三个电源块的整流器布置如图 2—44 所示。

图 2—43　整流器柜正视图

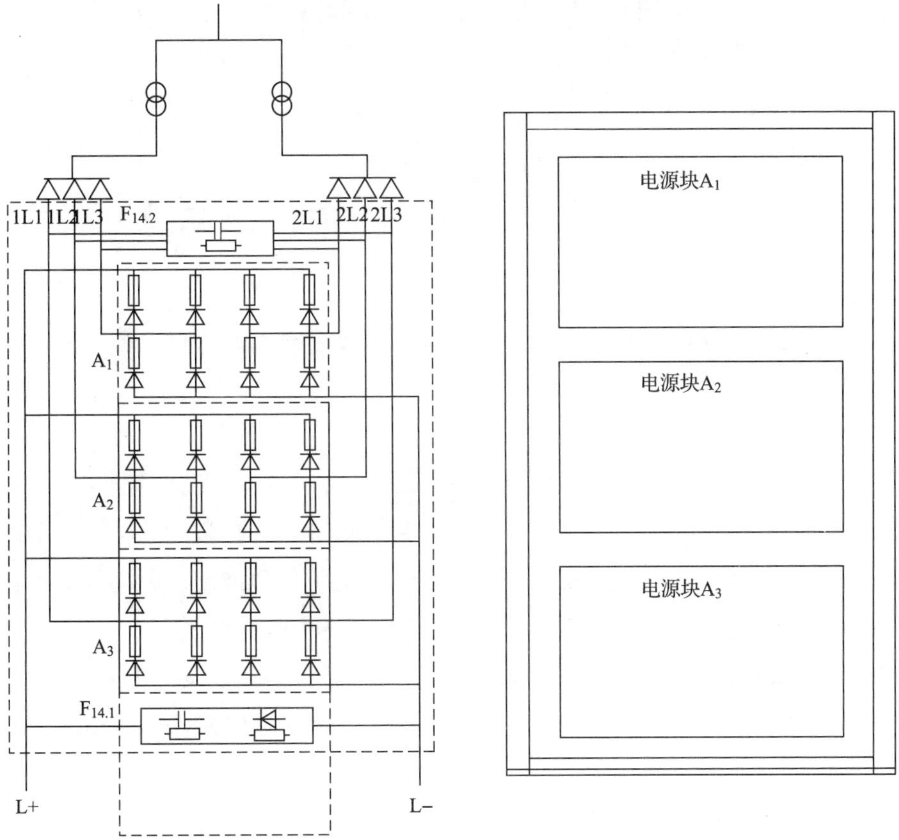

图 2—44　整流器二极管布置及电源块布置

如图 2—45 所示为电源块结构正视图。在如图 2—46 所示的整流器二极管安装位置图中，后部是交流端子，前部上端为直流正极端子，下端为直流负极端子。熔断器和微动开关装于相关直流母线的电源块前面，并通过铜片与后方的前部散热片相连。熔断器固定在铜棒上，铜片固定在散热片上。二极管及散热片和接触压力组合件位于电源块中间，二极管位于两散热片中间（一个小的前部散热片和一个高的后部散热片）。后部散热片与交流端子相连。上部二极管（阴极二极管）和下部二极管（阳极二极管）的安装方法如下：上部二极管（阴极二极管）正向至电源块正极母线，即二极管的前凸安装于前门；下部二极管（阳极二极管）正向至交流端子，即二极管的前凸安装于后门。

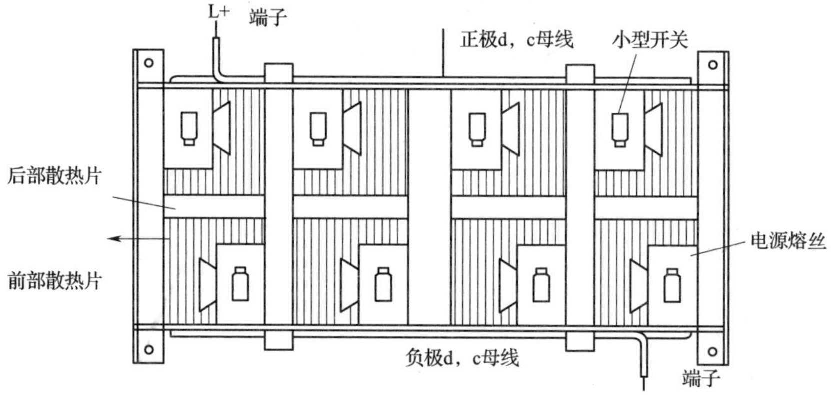

图 2—45　电源块正视图（简化）

若整流器进出线方式为上进下出，则两路三相交流输入的六根电缆装配在上部的端子上，直流输出电缆装配在下部的端子上。

2. 发信二极管作用

每个二极管都串接一个快速熔断器作为短路保护，当整流管反向击穿引起内部短路时，快速熔断器熔断以防止事故扩大。在快速熔断器上装有微动开关，每个微动开关都有两副常开接点，当一个二极管损坏时熔断器熔断弹簧顶出，微动开关动作，两副常开接点关闭。与小型开关连接的电源熔丝如图 2—47 所示。

对于 24 个二极管中的任意两个整流二极管损坏都要报警在设计上有一定的难度，为解决这一问题，采用直流电源供电，利用二极管的单向导电性作为故障隔离。整流器报警、跳闸回路如图 2—48 所示。

当一个二极管损坏时，相应熔断器熔断，由于微动开关两副接点之间串入二极管，使电源经上侧微动开关接点，接通报警回路，警示此整流器的负载能力有所下降，整

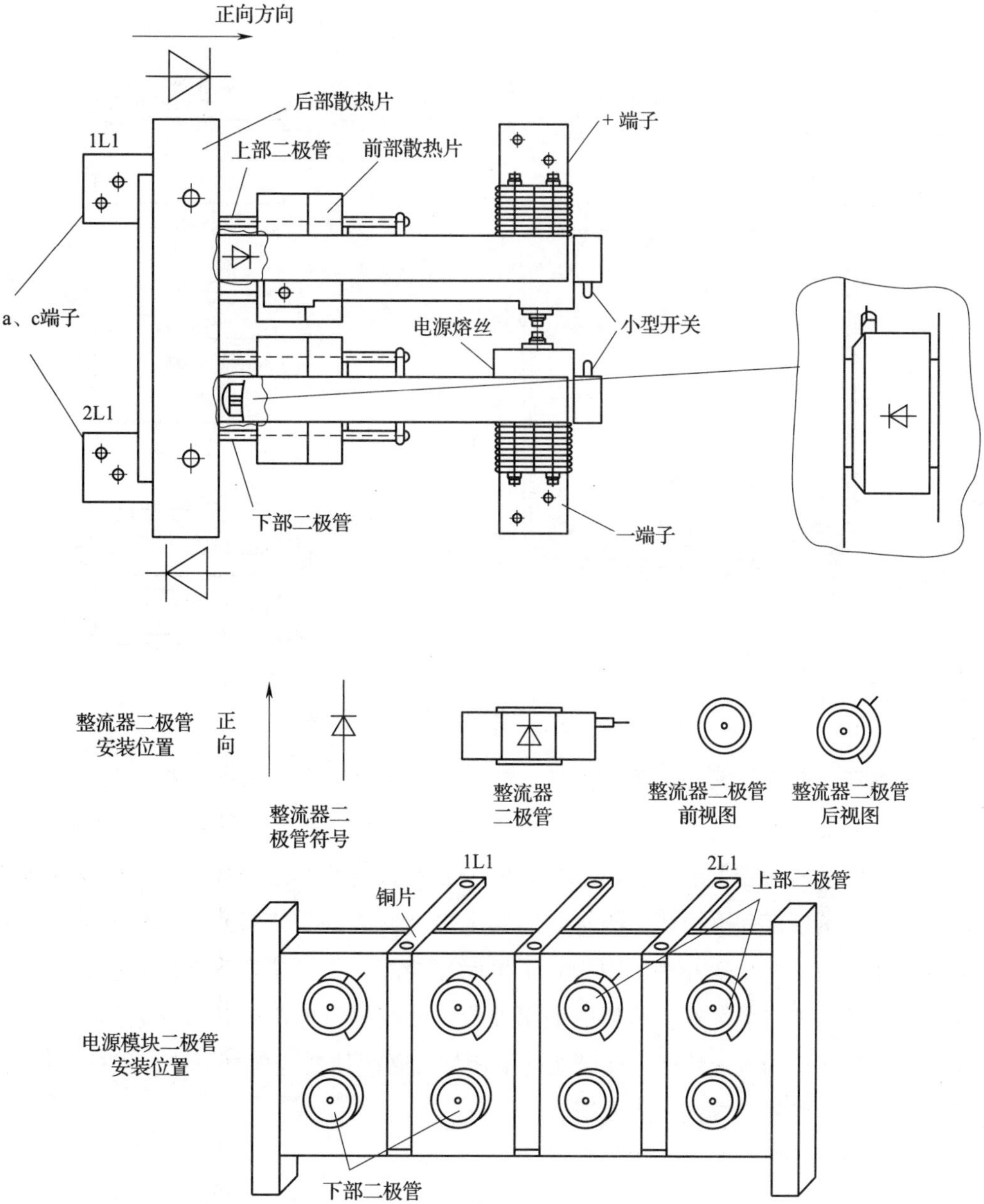

图 2—46　整流器二极管安装位置图

流器仅有正常载流能力的3/4，马上更换损坏的二极管和熔断器，不允许整流器带有受损二极管和熔断器进入150%负载范围内。由于两副接点之间的隔离二极管的作用，电源无法通过下侧微动开关接点，不能发出跳闸信号。

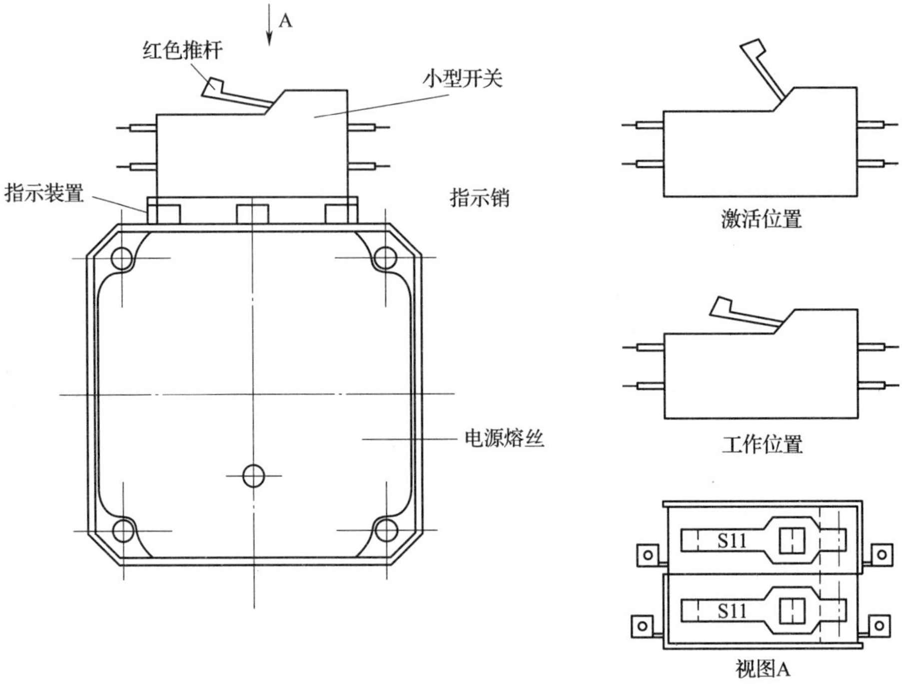

图 2—47　与小型开关连接的电源熔丝

当再损坏二极管的编号小于已损坏的二极管的编号时，电源经再损坏二极管熔断器上微动开关的上侧接点与已损坏二极管熔断器上微动开关的下侧接点接通跳闸回路。当再损坏二极管的编号大于已损坏二极管的编号时，电源经已损坏的二极管熔断器上微动开关的上侧接点和再损坏二极管熔断器上微动开关的下侧接点接通跳闸回路，将跳开与之相对应的整流变开关。因为两个熔断器烧坏，很可能发生在同一桥臂上并联的两个二极管，这将会影响整流器的输出波形，改变整流输出的相数而增加直流的脉动成分，影响机车的调速性能，使谐波含量增加，必须使之与电网隔绝，进行二极管、熔断器的更换，修复后方能投入使用。

3. 热敏接触器作用

对整流器的温度进行监测也是十分重要的，其在一定程度上反映了整流器的负载情况。在整流器的正、负母线上和二极管的散热器上各装有温度检测元件，根据所测得的温度值，发出不同的信号，其测温动作值及信号见表 2—3。跳闸信号驱动与整流器相对应的 35 kV 交流开关跳闸，以避免长时间过载运行，引起发热，损坏设备。

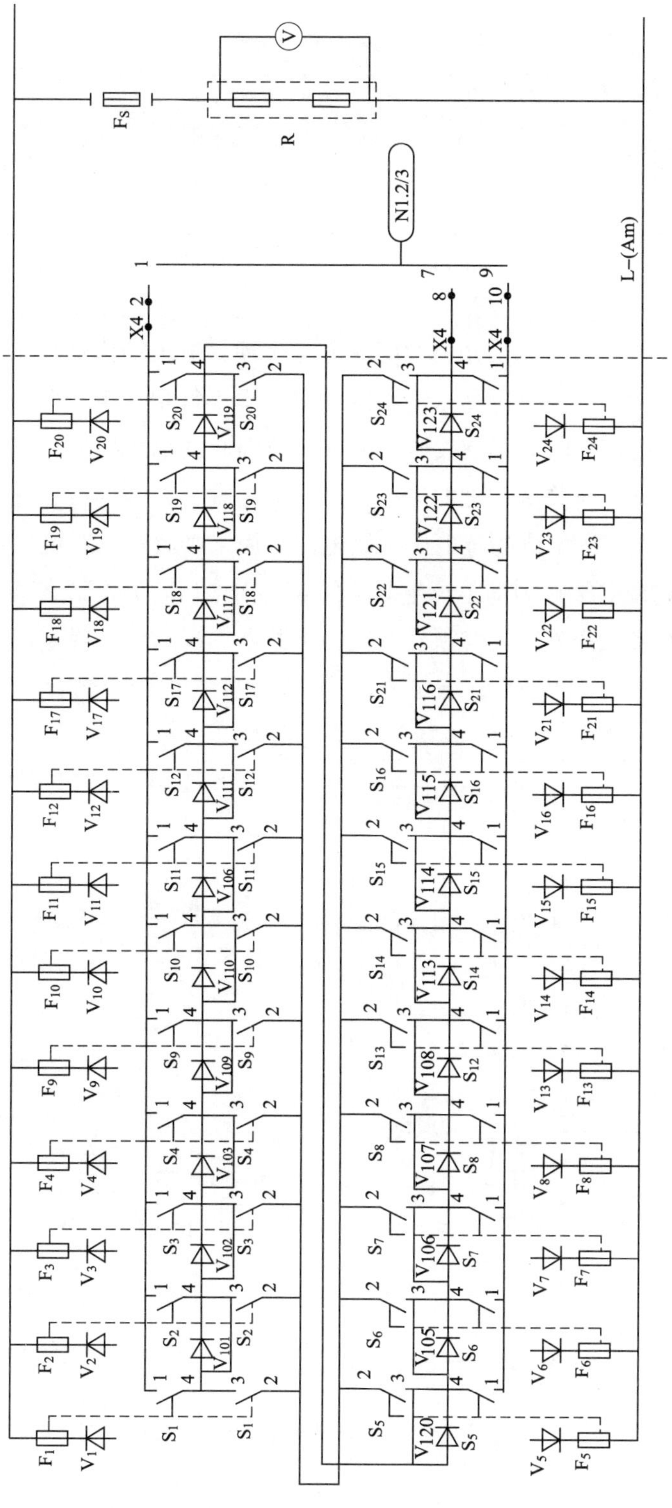

图 2—48 整流器报警、跳闸回路

表 2—3　　整流器测温动作值及信号

检测位置	报警	跳闸
正、负母线	80℃	90℃
散热器	140℃	150℃

4. 衰减装置作用

衰减装置有三个主要功能，分别为反向电流缓冲、电压峰值吸收和过压吸收。过电压吸收装置原理如图 2—49 所示。整流器的交流输入每相有两个电阻并联，并接成星形接法，电阻与电容串联，吸收接通整流变压器引起的电压峰值，抑制整流变压器空载或轻载时断开交流开关所产生的过电压，兼抑制整流元件的换相过电压。整流器的直流侧接有压敏电阻等组成的过电压抑制电路，用来吸收触网系统可能击穿设备的大功率电压（如剩余电压）和动车再生制动的高反向电压。为保护衰减装置，安装有三个熔断器，并有微动开关监视熔断器状况，熔断器熔断后，小弹簧顶出驱动微动开关，发出跳闸信号，跳开 35 kV 整流变开关，使发生故障的整流器退出运行。

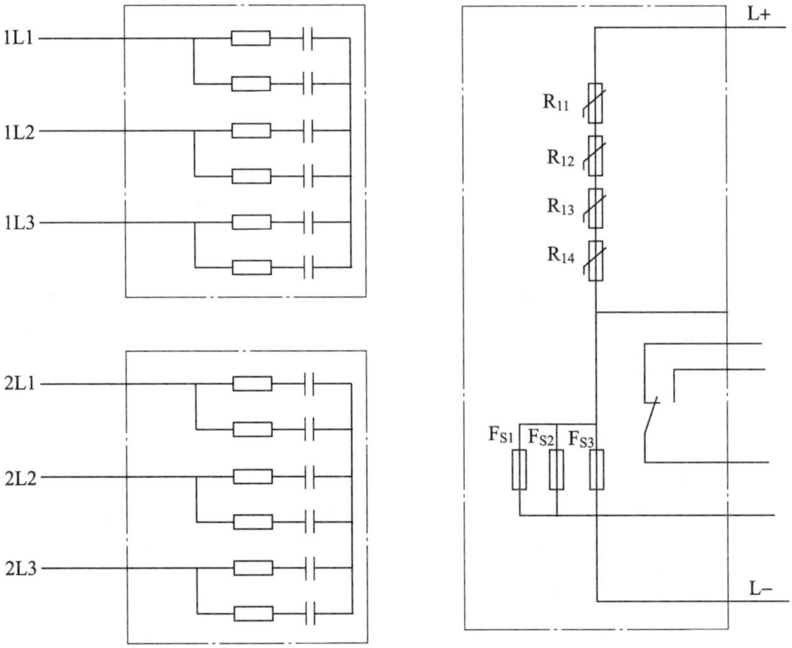

图 2—49　过电压吸收装置原理

2.2 杂散电流防护及措施

2.2.1 杂散电流防护方法

1. 减少杂散电流的“堵”法

“堵”即减少杂散电流量，可通过适当限制供电区段长度，减小供电区段内的负荷和走行轨电位，设置走行轨均流线和走行轨电位限制器也可降低走行轨电位。直流供电设备和回流走行轨采用绝缘安装，从而减少杂散电流。

2. 减少杂散电流的“排”法

“排”即设置杂散电流收集网，逐层屏蔽。利用杂散电流的首经通路——道床内的结构钢筋，将钢筋良好连通形成第一道屏蔽网，防止杂散电流向道床外部漏泄；利用隧道结构钢筋连通形成第二道屏蔽网，既保护自身免受腐蚀，又防止杂散电流向隧道外部漏泄，避免危及市政公共设施。另外，在牵引变电所内设置排流装置，构成排流通路。

3. 减少杂散电流的“限”法

“限”包含两层意思：走行轨道与地绝缘越好，迷流也就越小，为此在走行轨道与混凝土轨枕之间、紧固用螺栓与混凝土轨枕之间、扣件与混凝土轨枕之间采取绝缘，要求每公里轨道对迷流收集网的泄漏电阻值大于 10 Ω。

对于车辆段走行轨对道床的泄漏电阻较低，杂散电流较大的区段，设置单向导通装置，限制杂散电流的扩散。

对隧道内的金属管线和其他金属设施采取材质选择和对地绝缘等措施，限制杂散电流向其漏泄。

2.2.2 杂散电流防护措施

1. 轨道交通防护杂散电流的技术措施

牵引回流系统（包括附属杂散电流防护设施）主要由走行轨、负回流线、上下行均流线等组成。理论和工程实践都已证明：抑制杂散电流首先要保持牵引回流回路的畅通，减小回路电阻；同时，应设法加入走行轨与道床的过渡电阻。应采取下列措施：

（1）减少迷流的供电措施

1）选择较高的直流牵引供电的额定电压，以减少牵引电流和迷流。

2）采用迷流较小的双边供电方式。

3）尽可能减少走行轨间的接触电阻或增加附加回流线。

4）尽量提高走行轨对地的绝缘程度。

5）尽可能远离或避免平行设置地下金属管道、中缆等，并对其采用适当的防腐措施。

6）采取各种排流措施，如极性排流、阴极保护等保护措施。

（2）地面段及车辆段防迷流措施

1）地面段轨道采用带绝缘扣件的混凝土轨枕。

2）为减少回流走行轨的电阻，一般采用长走行轨。

3）所有通向地面的金属管道和电缆等，均加装绝缘管和绝缘接头。

4）与地面轨道（直流牵引用回流走行轨）平行埋设的金属管道，进行防腐处理和绝缘处理，并应离轨道 3 ~ 5 m 铺设。

5）车辆段内检修库房屋金属构件和轨道要构成电气连接，并接地（接地电阻 0.5 Ω），同时，库内外轨道要绝缘分段。

6）由轨道交通区间至敞开段的回流轨道，由正线进入车辆段的轨道和车辆段至正线的轨道要进行绝缘分段。

（3）隧道区间防迷流措施

1）采用长走行轨，减少回流走行轨阻抗。

2）轨道与混凝土轨枕间、紧固用螺栓与混凝土轨枕间、扣件与混凝土轨枕间采用加强绝缘的措施。

3）在道床内，用钢筋纵、横向焊成迷流收集网。收集网绝对不能与主体钢筋相连。

4）轨道交通车站、变电所内的交、直流高压开关柜、变压器、动力照明箱、电动机、水泵、直流 1 500 V 牵引用变压器、直流柜、整流设备、车站电缆桥架，自动扶梯等全都采用绝缘法进行安装（与主体钢筋绝缘），以上设备均单独从接地排引绝缘接地线，进行接地保护。严禁将主体结构钢筋作接地线，与电气设备相接，而进行接地保护。

5）接地极和引入车站、变电所接地线应与车站、变电所等建筑物的主体结构钢筋绝缘，并需对每个引入点结构孔洞进行绝缘和防水处理。

6）每个轨道交通车站只能有一个接地点，接地极材料应选择耐腐蚀的。

2．设备对杂散电流的防护措施

上述各种技术措施能使迷流大大减小，但仍旧免不了有一小部分迷流从混凝土道床流到隧道结构内的金属导体上，若不采取措施，这部分迷流会使金属导体产生腐蚀。因此，还对各种设备采取减少迷流防护措施：

（1）采用排流柜。排流柜是收集地铁杂散电流的设备，主要由隔离二极管、分流器、隔离开关、电流表等元件组成。排流柜接于牵引站 1 500 V 直流负极与大地集流网之间。二极管起限制电流方向的作用，使电流方向始终是由集流网流向牵引站的直流母线。这样就起到了收集散失电流的作用，即排走了流入大地的电流。

分流器与电流表的量程相匹配，直观地反映了回流的数值及排流设备的工作情况。

排流网是按一定距离间隔纵横交错由金属件构成的立体网，安装于道床的下方，从走行轨同流走失的大量电流能通过排流网流回牵引站的负母线。

（2）电缆桥架的防护。地铁工程采用金属电缆桥架，要求桥架每个支架对隧道本体结构钢筋之间的绝缘电阻不小于 10 kΩ。

因此，支架固定时采用绝缘膨胀螺钉。

（3）动力、照明配管的防护。地铁的动力、照明配管全部采用阻燃 PVC 管，从而避免迷流对保护管的电腐蚀。

（4）车站给排水管道的防护

1）进入车站的所有给排水管道在进入车站前应加入一段 2 m 长的绝缘管进行绝缘隔离，绝缘管设在车站外侧，离主体结构 150 mm。

2）出地铁区间的给排水管道应加一段长 2 m 的 UPVC 塑料纯缘管后，才能引出地面，绝缘管应设在干燥和易于查看检修的地点。

3）从水泵接出的水管在水泵处加装一段短绝缘管，使水管系统与水泵—电动机组在电气上绝缘。

4）区间隧道的给排水管在电气上要连通，并且在有变电所的车站将水管两端接至接地极。

5）穿越道床的给排水管用 UPVC 塑料绝缘管。

（5）车站环控系统的防护

1）安装在金属风门上的电气装置应采用绝缘法安装。

2）安装在同一台金属机座上的电动机、风机组，在安装时应利用橡胶装置进行绝缘。由风机引出的金属送排风管道要加一段绝缘风管，使风管系统与电动机、风机组在电气上绝缘。

（6）地铁明挖车站、矩形隧道以及圆形隧道主体结构

1）地铁明挖车站和矩形隧道主体结构钢筋应进行电气连接。

2）地铁圆形隧道各环管片内钢筋在环向和纵向要求构成一个电气连接回路。

（7）其他防护。电缆铠装只准外端接地；PE 线不得重复接地；地铁车站、变电所内的交流、直流高低压开关柜、变压器、动力照明配电箱等全部采用与主体结构钢筋绝缘的安装方法，并单独从接地排引绝缘接地线进行接地保护。

理论知识复习题

一、判断题（将判断结果填入括号中。正确的填“√”，错误的填“×”）

1．变压器允许在正常过负荷和事故过负荷的情况下运行。（　　）

2．有载调压开关可以在变压器并列运行时进行调节。（　　）

3．严禁将有拒跳或合闸不可靠现象的断路器投入运行。（　　）

4．在断路器的控制回路中，防跳继电器是由电压继电器启动的，而电流继电器是用来起防跳作用的。（　　）

5．绝缘子的唯一作用是在载流导体与地之间形成良好的绝缘。（　　）

6．变压器的铁损耗是无功损耗。（　　）

7．变压器的负载损耗就是变压器在运行时，所带负载产生的损耗。（　　）

8．变压器的铁芯已经接地，所以外壳不用接地。（　　）

9．中、小型变压器的油箱一般都为吊罩式油箱结构。（　　）

10．环氧树脂浇注式干式变压器的特点之一是防灾性能突出，特别适合地铁地下车站情况。（　　）

二、单项选择题（选择一个正确的答案，将相应的字母填入题内的括号中）

1．变压器有载调压分接开关应安装在变压器（　　）。

A．高压侧　B．低压侧　C．中压侧　D．哪一侧都可以

2．断路器之所以具有灭弧能力，主要是因为它具有（　　）。

A．灭弧室　B．绝缘油　C．快速机构　D．并联电容器

3．（　　）是真空断路器的主要元件，起灭弧作用。

A．灭弧室　B．绝缘油　C．快速机构　D．真空泡

4．高压断路器的额定开断电流是指在规定条件下开断（　　）。

A．最大短路电流的最大值　　　B．最大冲击短路电流

C．最大短路电流的有效值　　　D．最大负荷电流的两倍

5．断路器（　　）往往是操作回路中线圈断线或损坏，控制回路接线端子松动、辅助接触点接触不良引起。

A．拒合　　B．拒分　　C．缺相分合闸　D．分合不佳

6．断路器分闸速度快慢影响（　　）。

A．灭弧能力　　　　　　　　　B．合闸电阻

C．能否在故障扩大前及时切除　D．系统的电压稳定

7．变压器常用的套管类型有纯瓷套管、充油套管和（　　）三种形式。

A．塑料套管　B．绝缘套管　C．电阻套管　D．电容套管

8．环氧树脂浇注式干式变压器的树脂绝缘缺陷和损伤的不可恢复性和不可修复性是（　　）。

A．正常现象　B．致命缺点　C．可以忽略　D．无关紧要

9．真空断路器操作机构同时操作三相真空泡，有（　　）储能方式。

A．手动　B．电动　C．手动和电动　D．遥控和电动

10．真空灭弧室内的动静触头在合闸时是通流元件，分闸时是（　　）。

A．分流元件　B．开断元件　C．灭弧元件　D．分闸元件

理论知识复习题答案

一、判断题

1．√　2．×　3．√　4．×　5．×　6．×　7．×

8．×　9．×　10．√

二、单项选择题

1．A　2．A　3．D　4．C　5．A　6．A　7．D

8．B　9．C　10．C

第3章

继电保护

学习完本章的内容后，您能够：

- 了解常用的继电器原理和构成方式
- 掌握继电保护的制图方式
- 掌握城轨供电系统主变电站继电保护主要类型
- 掌握城轨供电系统各变电站继电保护的内容

知识要求

3.1 继电保护构成及制图方式

3.1.1 继电保护的原理及构成方式

1. 继电保护的原理

在电力系统发生故障的情况下，往往伴随着电流增大，电压降低及电流和电压间的相位变化。继电保护就是以这些变化的物理量为基础而产生的，并反映相应故障的电力系统要件。根据反映物理量的不同，可构成以下各种不同类型的继电保护：

（1）反映电流变化，如电流速断、定时限过流、反时限过流及零序电流保护等。

（2）反映电压变化，如低电压保护和过电压保护。

（3）既反映电流又反映电流、电压间相位变化，如方向过流保护。

（4）反映电压与电流的比值，即反映故障点至保护安装处阻抗，如距离保护。

（5）反映输入电流、输出电流差，如差动保护。

2. 继电保护的构成方式

各种类型的继电保护一般都具有测量部分、逻辑部分及执行部分三大部分，其框图如图 3—1 所示。

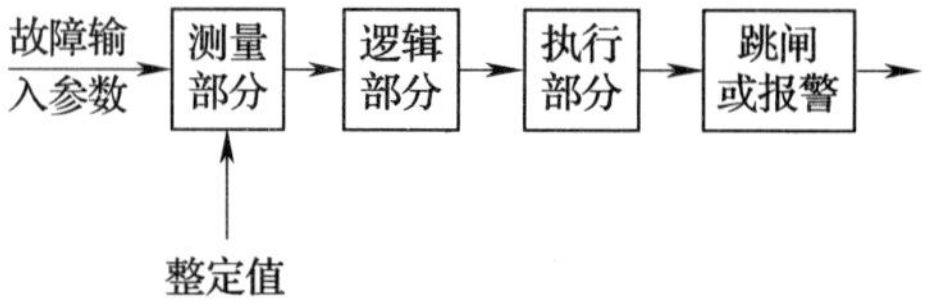

图 3—1　继电保护的系统组成框图

（1）测量部分。它反映被保护对象工作状态的一个或几个物理量。

（2）逻辑部分。根据测量与整定的比较结果，由逻辑做出判断，以决定保护动作与否。

（3）执行部分。执行逻辑部分做出的决定，发出跳闸或报警信号启动跳闸或发信，或保持不动作。

因此，继电保护三大组成部分缺一不可，只有三大部分的准确、合理、协调、配合才能使继电保护满足电力系统要求，做到快速、准确、灵敏、可靠地对故障状态做出反应。

3.1.2　继电保护的制图及接线方式

1. 继电保护的制图方式

在继电保护系统中，二次接线的制图方式包括集中式原理图、展开式原理图及安装接线图，以下以 10 kV 开关的跳闸原理为例，来说明三种制图方式的区别。

按集中式原理图方式制作的 10 kV 开关跳闸原理图如图 3—2 所示。下面再以展开方式来制作 10 kV 的跳闸原理图，如图 3—3 所示。

以上两种类型的原理图，集中式可将所有元器件集中在一张图上，而展开式则可以使各元器件展示在不同的回路图中。与以上两种类型不同，安装接线原理图更适用于设备的安装接线，它可以将各元器件的接线细节完整地反映在图样上，但图中图形元素的数量比前两种接线图要多，在此不进行论述。

2. 电流保护的接线方式

目前，广泛使用的电流保护接线方式有三相星形和两相星形。电流保护的几种接线方式如图 3—4 所示。

所谓三相星形接线方式是指将三个电流互感器与三个电流继电器分别按相连接在一起，互感器和继电器均接成星形；在互感器中性线上的电流是 $I_a+I_b+I_c$，正常时该电流值约为 0，在发生接地短路时则为三倍零序电流 $3I_0$。三个继电器的触点是并联的，即为“或”关系，其中任一继电器触点闭合均可触发跳闸或启动时间继电器。因此，它可反映各种相间短路和中性点直接接地电网中的单相接地短路。

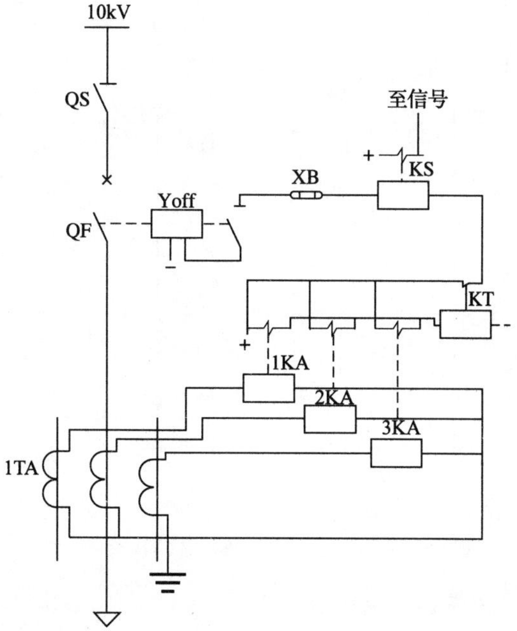

图 3—2　10 kV 开关跳闸集中式原理图

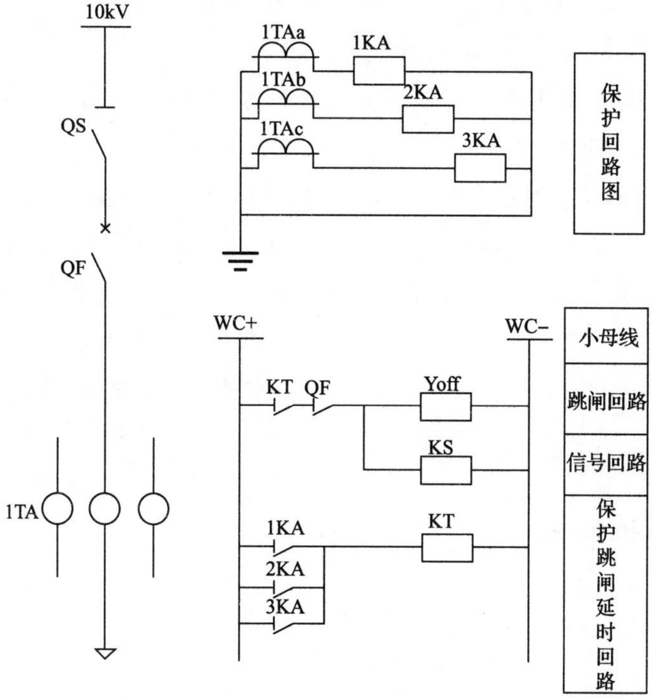

图 3—3　10 kV 跳闸原理展开图

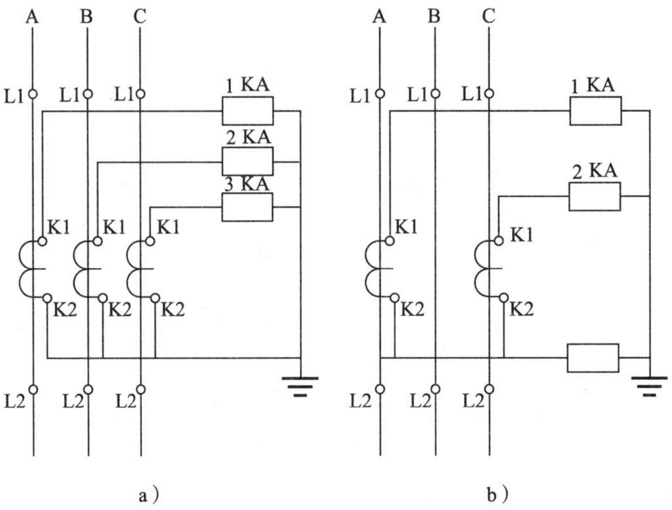

图 3—4　电流保护的几种接线方式

a）电流互感器的完全星形接法　b）电流互感器的不完全星形接法

所谓两相星形接线方式是指装设在 A、C 相的电流互感器分别与两个电流继电器按相连接在一起，在这种接线方式中，中性线上的电流是 $I_a + I_c$。因为 B 相不装设电流互感器，因此，它不能反映 B 相中流过的电流。

两种接线方式在反映相间短路时，三相星形接法均有两个继电器动作，而两相星形接法在 AB 或 BC 相间短路时，只有一个继电器动作，在实际使用中，两种接法均能正确反映相间短路故障。但在中性点非直接接地的电网中，如果在两段互相配合的线路中出现两点接地的故障时，只能在两个故障点出现在 A、C 相时能正确动作，保持继电保护的选择性。如果其中一故障点出现在后续线路的 B 相上时，该线路的保护就无法动作，而启动前段线路中的保护，从而失去了选择性，使停电范围加大。因此，在此情况下，两相星形接线方式只能保证 2/3 的机会有选择性地切除后一线路的接地故障。

3.2　城轨供电系统变电站继电保护

3.2.1　城轨供电系统主变电站继电保护

1. 110 kV 系统保护主要类型和内容

在地铁 110 kV 系统中，主要有过流保护、变压器差动及重瓦斯保护，零流保护及来自35 kV侧母线的联跳保护等多种保护类型。

其中，变压器差动和瓦斯保护作为变压器的主保护，分别反映变压器绕组及引出端故障和油箱内故障，两者配合使用，基本上可以防御与变压器相关的各种故障。而配备过流保护的目的是使其作为变压器的后备保护，过流保护的整定原则是躲过变压器可能出现的最大负荷电流，并取一定的可靠系数。考虑到110 kV侧属于大接地电流系统，短路概率比较大，为了防御母线和引出线上的接地短路，一般都装设零序电流保护，作为变压器或相邻元件的后备保护。

2．35 kV保护主要类型和内容

在主变35 kV系统中主要配有变压器差动、110 kV侧过来的纵差、重瓦斯、过流、零流保护联跳、35 kV过流保护，再配备35 kV母线分段自切功能。接地变重瓦斯保护及过流零流保护等保护类型。

3．10 kV保护主要类型和内容

10 kV系统主要有定时限过流、零流、反时限过流、定时限速断等保护类型。

3.2.2　城轨供电系统牵引变电站继电保护

1．城轨供电系统牵引变电站继电保护的主要类型

地铁牵引变电站的主要作用是将35 kV/33 kV交流电经牵引整流变压器变压后，降为1 220 V交流，再经三相桥式整流（全波）后输出理论值为1 720 V左右的单周期24脉动波形的直流电，该直流电通过高速直流开关馈往地铁接触网，再通过列车的受电弓将电能引入列车的驱动系统，用作列车牵引动力源。理论上（不考虑漏磁、损耗等因素的影响）得到的电压平均值为：

$$U = \frac{1}{\frac{\pi}{12}} \times 1\ 220 \times \sqrt{2} \times \int_{75^\circ}^{90^\circ} \sin(\bar{\omega} t + 7.5^\circ) d(\bar{\omega} t) \approx 1\ 721(\mathrm{V})$$

实际运行中（空载时），表计显示电压为1 685 V左右，电压的损耗率为（1 721 - 1 685）×100%/1 721 = 2.09%。电压平均值如图3—5所示。

在牵引变电站的进出线中主要有纵联差动保护及过流、零流、（欠）失压保护等保护类型。在整流变压器馈线中装设有变压器温度保护、二极管监视保护、整流柜母排温度保护、散热器温度保护等保护类型。除此以外，在直流1 500 V系统中，主要有过流保护、上升率保护、失（过）压保护、热保护、框架保护及双边联跳保护等保护类型，其中框架保护是直流牵引供电系统特有的保护类型。

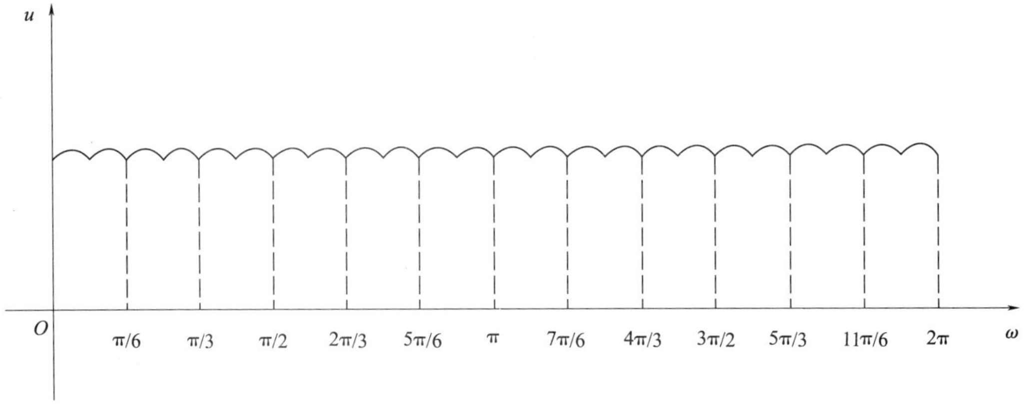

图 3—5　电压平均值

2. 35 kV 进线保护主要类型和内容

35 kV 进线开关一般配备差动和过流保护，其中过流保护中又启用了反时限和定时限等过流保护类型。在地铁供电系统中，为最大限度地确保地铁安全运营，相邻牵引站点要用进线“四投三”的运行方式，以实现在某一进线失压时，能自动断开失压线路进线开关，并自动合上联络开关，实现由另一侧进线通过联络线往本所供电，这对于地铁安全运营是极其重要的。

3. 线路纵联差动保护简介

35 kV 进线或联络线一般均装设线路纵联差动保护（常简称为线路纵差动保护），该保护为进线电缆或联络电缆的主保护。它的工作原理是流入电缆的电流与流出电缆的电流应该相等（除去远离输电时的电容电流）。

4. 整流变压器的保护类型和内容

整流变压器柜一般配备电流速断保护、延时过流保护、零流保护及反时限过流保护等保护类型，同时，装设有变压器超温保护。在以上保护类型中，电流速断保护为主保护，其余为后备保护。过负荷保护通过电流继电器的反时限来实现。

5. 整流器的保护类型和内容

在地铁整流器中，一般装设有二极管快速熔丝保护（即所谓一报警二跳闸）、直流衰减装置跳闸（即直流阻容吸收装置故障跳闸）、散热器报警跳闸（或所谓热敏装置报警跳闸）、母排温度报警/跳闸。这几类跳闸将使 35 kV/33 kV 开关跳闸，使整流器组退出运行。

3.2.3　城轨供电系统降压变电站继电保护

1. 城轨供电系统降压变电站继电保护的主要类型

地铁10 kV供电系统采用了单母线分段的配电模式，二段进线分别取自主变电站或中心变电站的10 kV系统，后续变电站的进线供电来源分别取自上游变电站的出线。因为单线图看起来成环状，故又称为地铁10 kV环网，如图3—6所示。

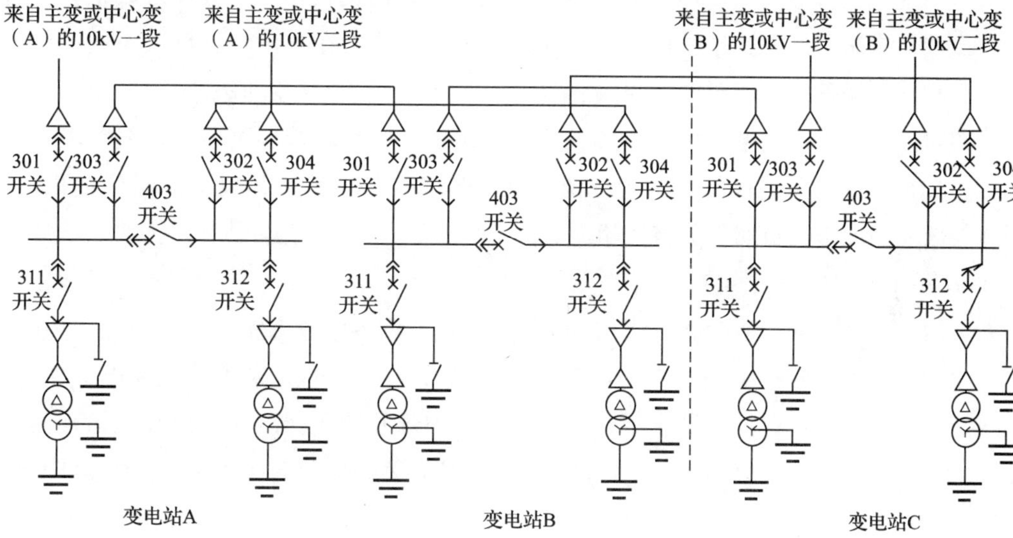

图3—6　地铁10 kV环网

10 kV主要配置有过流、速断、零序等保护类型，其中定时限过流及零流装设于10 kV环网进出线柜，用于对本站10 kV母线的相间及接地短路保护，同时，与下游线路及本站配电变压器过流、零流保护配合用作下游线路或电力变压器的远后备保护。本站配电变压器配速断保护，用以防止变压器引出线及内部短路故障，再以定时限过流将保护范围延伸至变压器二次侧，以延时断开二次侧引出线或相间出现的短路故障，零流保护则用于防止变压器内部出现的接地短路故障。

变电站之间通过时效配合并遵循阶梯原则，上游继电保护动作时限比下游高出一个Δt，通过时效配合，实现对同一潮流方向上的各个变电站可能出现的线路或母线故障保持有选择性的截除。在新近建设的线路中，为应对供电系统可能出现的几种运行方式，保护装置往往设定有两组整定值供选择，调度可根据实际运行方式对整定值组进行切换。

2. 10 kV 母线保护类型和内容

在供电系统中，母线保护的主要类型为母线差动保护，或者利用母线电源回路兼作母线保护。在地铁供电系统中，10 kV 采用了单母线分段的供电方式，由中心变或主变 10 kV 馈往若干站（一般为 4 个站左右）的一段或二段，并与另一中心变或主变馈电的若干站点在同一变电站形成联络，联络开关处于热备状态，一旦某一主变或中心变发生失电情况，可通过改变运行方式由联络开关往失电的一侧供电，以使影响减小到最低水平。正常情况下，地铁的 10 kV 供电潮流走向比较单一，分段母线上只带有进、出线及本站电力变、母联开关等电气元件。通过装设在进出线、母联等开关柜上的过流和速断保护，完成对母线的保护功能，不专门装设母线差动保护。

同时，为了增加供电的可靠性和灵活性，地铁 10 kV 系统还配备了母线分段自切功能，在正常情况下一段母线失电，能实现分段自切，由另一段对失电母线的供电，但母线故障情况下，自切功能将被闭锁。

3. 变压器保护类型和内容

电力变压器开关一般配备过流和速断保护，同时配零序过流保护。

电力变压器是各变电站所在地的车站及相关商业用户电力来源的主要电气设备，通过装设速断及过流保护能可靠断开电力变压器内部及变压器二次侧出线端出现的短路故障，同时，电力变 10 kV 过流保护作为 400 V 开关保护的远后备保护，在 400 V 母线出现短路故障而 400 V 进线保护拒动的情况下，能延时动作断开电力变 10 kV 开关断开故障，这对于保证地铁供电设备安全具有重要意义。

4. 400 V 母线的保护类型和内容

目前，地铁降压站 400 V 系统中，采用 400 V 母线分裂运行的运行方式，母线不装设特殊的故障保护，而由母线上的电气元件（如 400 V 进线或联络开关）上装设的过流保护，带一定延时的切除故障点，以保证系统正常部分的运营。

在非母线本身故障的情况下，如由于上游 10 kV 或 35 kV 失电，导致 400 V 某段母线失电，而 400 V 另一段供电正常，则启用 400 V 系统母线分段自切功能，具体动作流程：断开失电侧 400 V 进线开关→合上 400 V 母联开关，实现 400 V Ⅰ 带 Ⅱ 或 Ⅱ 带 Ⅰ，以使系统供电在最短时间内恢复正常运营。在目前上海地铁后期建设的线路中，400 V 系统不但具备了分段自切功能，还具备了分段自复功能，即失电一侧一旦恢复正常供电，400 V 系统能在经过一定的延时后，自动断开母联开关，合上原失电侧的 400 V 进线开关，使系统恢复到初始时的正常供电状态。400 V 母线的保护类型和内容如图 3—7 所示。

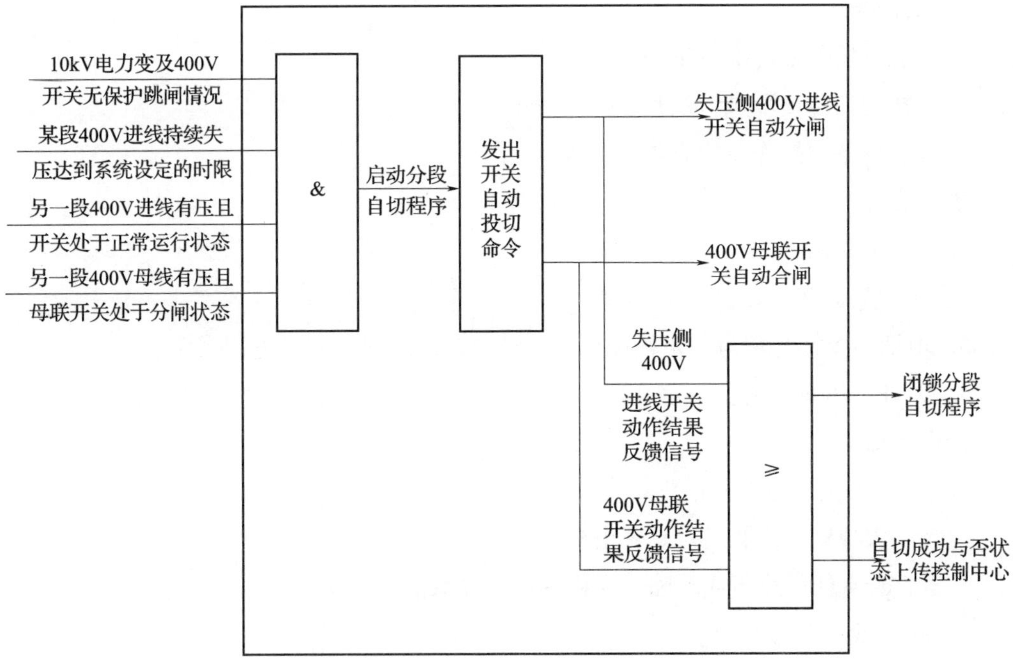

图 3—7　400 V 母线的保护类型和内容

技能要求

继电保护装置整定值 A 组切换至整定值 B 组操作

操作条件

1. 实训目的

通过专业实训，使学员了解继电保护装置的结构和电气元件，熟悉继电保护装置整定值的设定，能掌握操作方法，能判断简单故障，正确使用专业术语进行汇报。

2. 实训设备及工具

序号	名称	规格	单位	数量	备注
1	35 kV 开关柜	35 kV	台	若干	连接成系统
2	35 kV 继电保护装置	35 kV	组	1	连接成系统
3	35 kV 开关操作用具	35 kV	件	若干	
4	10 kV 开关操作用具	10 kV	件	若干	
5	安全用具		件	若干	

3．实训要求

（1）做好操作前的准备工作。

（2）按规定的步骤进行操作。

（3）完成各项操作及检查项目。

操作准备

1．35 kV 断路器图样一套。

2．保护整定书一套。

3．电话接令，并填写和审核操作票，经电力调度同意方可进行操作。

4．办理工作票手续。

操作步骤

步骤 1　安全运行准备措施

检查该 35 kV 断路器运行是否正常。

注意：若有任何故障或缺陷，应视具体情况取消本操作。

步骤 2　整定值改变操作

在继电保护装置上进行整定值的改变操作（过程略）。进入菜单更改保护定值时，必须正确无误。更改整定值操作时必须先打开需要更改整定值的所有继电器壳盖，依次进行整定值更改，经检查整定值更改正确无遗漏后，再逐个盖好。

（1）面板上显示整定值在 A 组（见图 3—8）。

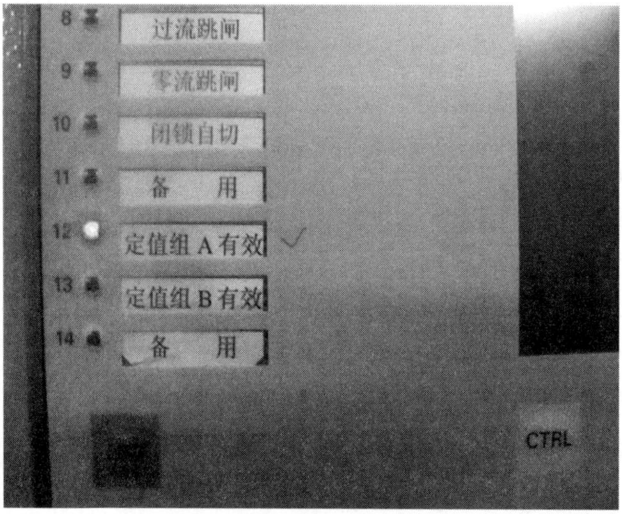

图 3—8　面板上显示整定值在 A 组

（2）按面板上“MENU”键，按下方向键（见图3—9）。

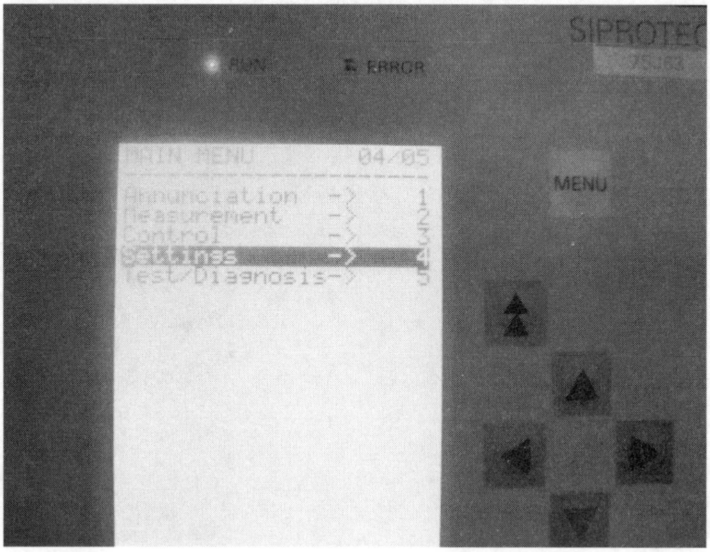

图3—9　按面板上“MENU”键

（3）选择“Settings”，按下方向键（见图3—10）。

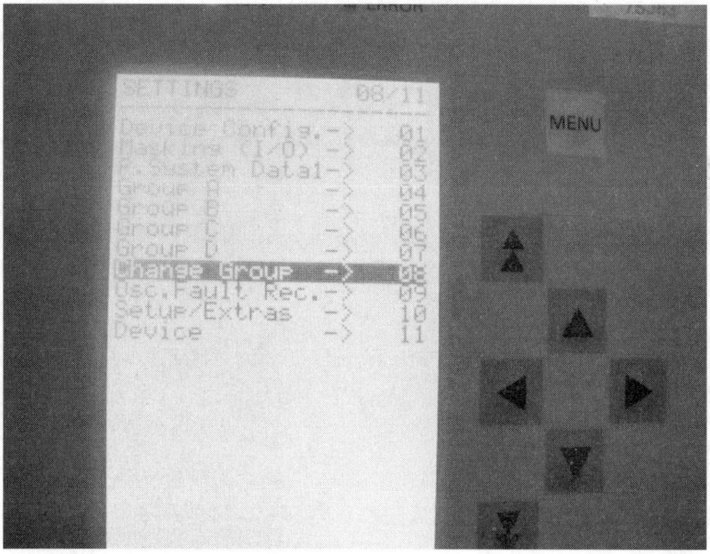

图3—10　选择“Settings”

（4）按下“Change Group”，查看代码0301，“Group A”表示整定值在A组（见图3—11）。

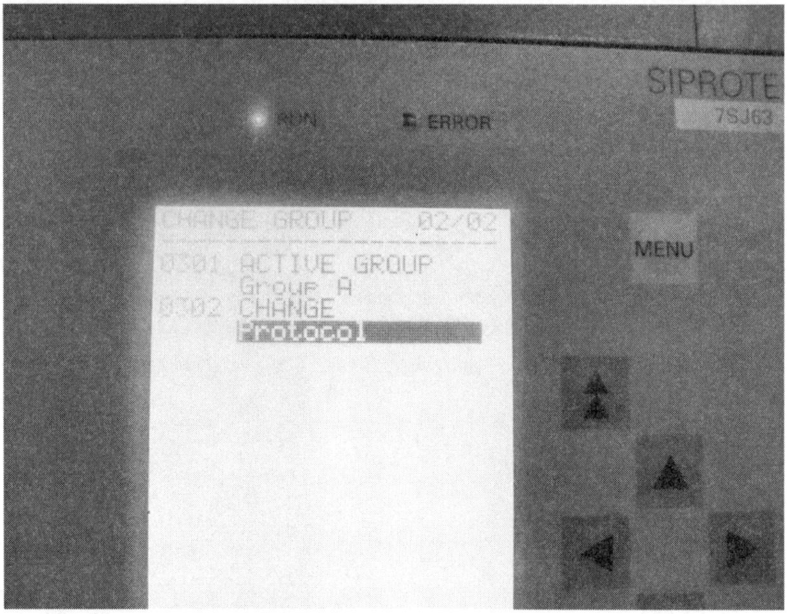

图 3—11 按下“Change Group”

（5）若要调整整定值，按下“Protocol”，键入密码“000000”（见图 3—12）。

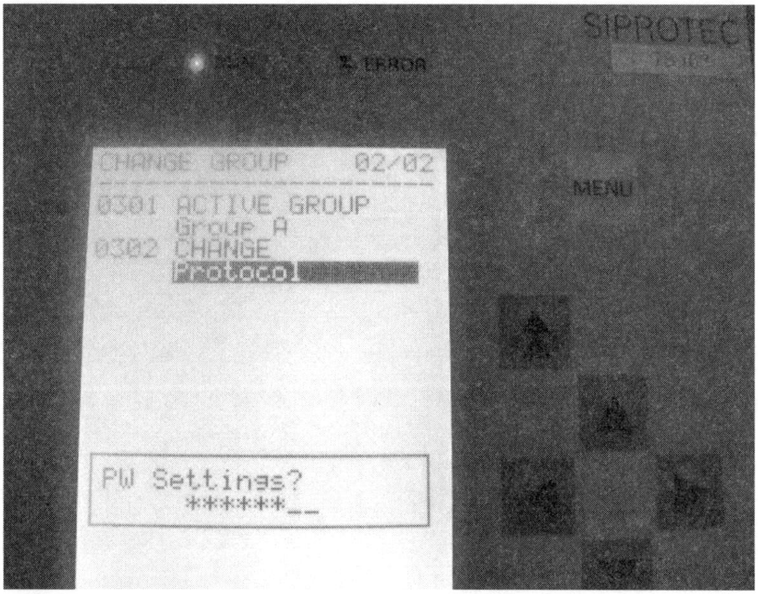

图 3—12 调整整定值

（6）进入页面即可选择整定值 B、C、D（见图 3—13）。

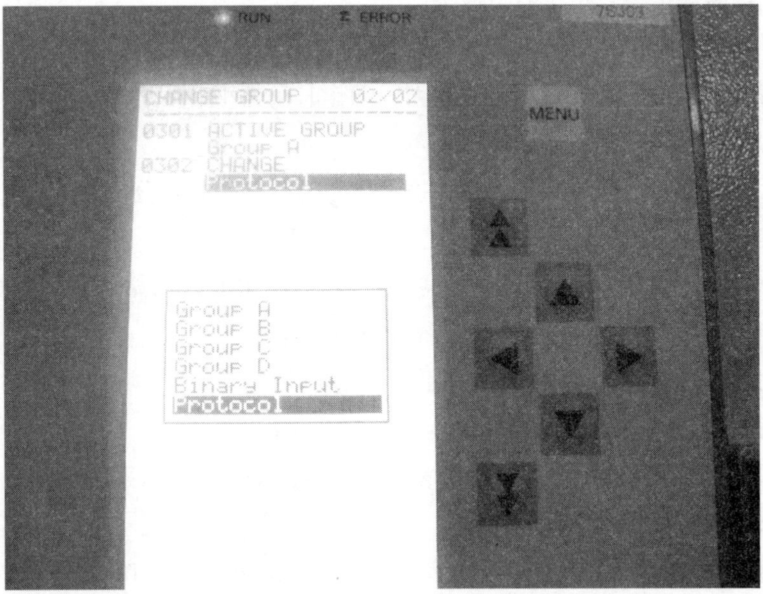

图 3—13 选择整定值

步骤 3 检查，汇报

（1）凡保护装置在新投入或经过更改后，运行人员必须和电力调度进行整定值和有关注意事项的核对，无误后方可投入运行。

（2）对危及设备安全运行的继电保护及自动装置的故障，运行人员必须立即通知继电保护专业人员及时进行处理，不得拖延时间。

（3）对所做工作再次进行检查。

（4）各元件的实际工作状态应正确。

（5）模拟灯位置指示应正确，音响信号应正常。

（6）对继电保护动作的掉牌信号、灯光信号，运行人员必须准确记录清楚，经核对正确后才能进行复归信号操作，并及时向电力调度汇报。事件信号和异常信号复归，只需按装置面板上的“复归”按钮进行。

理论知识复习题

一、判断题（将判断结果填入括号中。正确的填“√”，错误的填“×”）

1. 作用在交流中间继电器线圈上的电压是交流的。（ ）

2. 电流速断保护一般用于后备保护。（　　）

3. 限时电流速断保护可作为线路的后备保护。（　　）

4. 所谓反时限过流保护就是电流越大，动作时间越小，反之亦然。（　　）

5. 差动保护能切除变压器过负荷故障。（　　）

6. 电压、电流互感器是属于微机保护装置中的数据采集部分之一。（　　）

7. 城轨主变电站 110 kV 进线开关是不设保护的。（　　）

8. 因为主变压器 35 kV 侧是三角形接线，牵引和中心降压站的变压器 35 kV 侧也是三角形接线。所以主变电站 35 kV 系统没有零序保护。（　　）

9. 城轨供电系统主变电站 10 kV 线路不设差动保护。（　　）

10. 牵引站 35 kV 进线开关的差动保护是后备保护。（　　）

二、单项选择题（选择一个正确的答案，将相应的字母填入题内的括号中）

1. 110 kV 主变压器的主保护是（　　）。

A. 瓦斯保护　　B. 差动保护　　C. 过流保护　　D. 前三项都可以

2. 10 kV 主变压器的后备保护是（　　）。

A. 瓦斯保护　　B. 差动保护　　C. 过流保护　　D. 前三项都可以

3. 牵引变电站 35 kV 设备保护有（　　）保护。

A. 过流　　B. 变压器差动　　C. 重瓦斯　　D. 线路纵差

4. 主变电站 35 kV 母线保护是（　　）保护。

A. 35 kV 线路速断　　B. 主变差动

C. 主变 35 kV 过流　　D. 35 kV 线路差动

5. 当城轨供电系统主变压器 35 kV 开关过流跳闸时，35 kV 分段开关（　　）。

A. 会自切投入　　B. 不会自切投入

C. 会自切，然后加速跳开　　D. 不确定

6. 城轨供电系统主变电站 10 kV 线路不设（　　）保护。

A. 过流　　B. 过压　　C. 零序电流　　D. 差动

7. 城轨供电系统主变电站 10 kV 出线开关定时限过流保护可以作为（　　）。

A. 本条线路的主保护　　B. 下一级线路开关的主保护

C. 下一级线路开关的后备保护　　D. 下一级线路开关的远后备保护

8. 主变压器 10 kV 开关的反时限保护是（　　）保护。

A. 主　　B. 后备　　C. 失灵　　D. 过负荷

9. 属于牵引站 35 kV 进线保护的是（　　）保护。

A. 差动　　B. 过压　　C. 瓦斯　　D. 电缆超温

10. 整流器中，一般装设有二极管（　　）保护、直流衰减装置跳闸、散热器报警跳闸、母排温度报警/跳闸。

A. 差动　　B. 过压　　C. 快速熔丝　　D. 电缆超温

理论知识复习题答案

一、判断题

1. ×　2. ×　3. √　4. √　5. ×　6. ×　7. √　8. ×　9. √　10. ×

二、单项选择题

1. A　2. C　3. A　4. C　5. C　6. D　7. D　8. D　9. A　10. C

第4章

变电所交直流系统

学习完本章的内容后，您能够：

- ☑ 了解变电所交直流系统
- ☑ 了解磁饱和相控充电装置
- ☑ 了解蓄电池运行制度
- ☑ 掌握蓄电池定义及分类

知识要求

4.1 变电所交直流系统组成及原理

4.1.1 变电所交直流电源系统组成

1. 牵引变电所交流电源系统组成

牵引变电站交流自用电系统采用单母线分段接线形式，由0.4 kV低压开关柜两段母线分别引入相互独立的两路电源，作为交流自用电系统的进线电源。有Ⅰ/Ⅱ段自切功能，正常运行时Ⅰ段为主供，Ⅱ段备用。交流自用电的负荷种类主要有35 kV开关和触网开关柜内的加热器，牵引的温度控制仪电源、中央信号屏、所内动力箱、所内照明、钢轨电位限制装置和变压器风机等。

2. 降压变电所交流电源系统组成

降压变电站交流自用电系统采用单母线分段接线形式，由0.4 kV低压开关柜两段母线分别引入相互独立的两路电源，作为交流自用电系统的进线电源。有Ⅰ/Ⅱ段自切功能，正常运行时Ⅰ段为主供，Ⅱ段备用。交流自用电的负荷种类主要有35 kV、10 kV开关的加热器，牵引的温度控制仪电源、中央信号屏、所内动力箱、所内照明、钢轨电位限制装置和变压器风机等。

3. 牵引变电所直流电源系统组成

每个牵引变电站设一套直流装置，分别为其所在车站及区间事故照明供电，同时还负责向牵引变电所提供变电所内设备所需的正常及事故情况下的操作及控制电源。

直流自用电系统由充电装置和蓄电池两部分组成，正常运行时，蓄电池进行浮充电，充电装置负责全所直流负荷。

直流所用电系统为DC220 V，由充电装置、蓄电池、馈出回路组成，蓄电池的计算容量应满足交流失电后变电所内事故负荷连续工作一小时、车站事故照明和区间事故照明负荷连续工作半小时。

放电后蓄电池的容量应满足变电所内断路器合闸所需容量。

直流所用电的负荷种类主要有35 kV、1 500 V开关柜的控制和保护电源，触网开关和直流高速开关的控制和保护电源，中央信号屏和事故照明电源。

明珠线北延伸使用的直流屏如图4—1所示。

图4—1 明珠线北延伸使用的直流屏

4.1.2 磁饱和相控充电装置

1. 磁饱和相控充电装置基本原理

通过调节串联在交流输入回路的电抗大小，使加载到变压器一次侧的交流输入电压发生变化，以引起变压器的二次侧电压也随之发生变化。调节变压器的一次侧交流电压，使经整流后输出直流电压随之跟着变化，满足调整直流电压输出要求。磁饱和充电原理如图4—2所示。

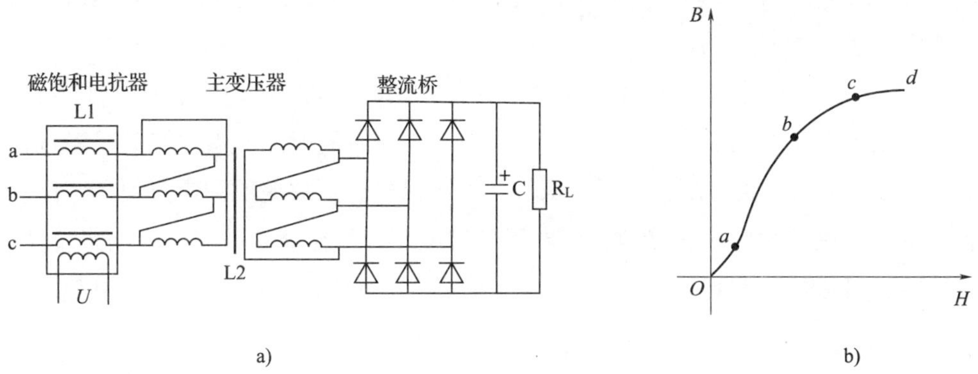

图4—2　磁饱和充电原理图

a）磁饱和充电机主回路　b）磁场强度和磁感应强度关系

L1是可调电抗，改变其电抗值就可调节主变压器输入端的电压。当反馈电压输入至电抗器上叠加的直流助磁线圈，使得电抗铁芯磁化而改变电感大小。铁芯在不同的磁场强度 H 下对应的磁感应强度 B 的曲线如图4—2b所示。

当磁场强度从零增大时，磁感应强度 B 随磁场强度 H 增加较快，之后磁感应强度 B 随 H 的增加迅速线性增加，c点为饱和点。过了饱和点，铁磁材料的磁导率也趋近于 μ_0 了。可变电抗的铁芯磁路工作在bc段，也就是铁芯工作在近饱和工作区段，在这段工作区电感的变化最大，即所谓的磁饱和。

2. 磁饱和相控充电装置典型电路分析原理

在城市轨道变电站中，GZD－3系列直流屏较为典型，其充电装置输出电压自动调节是靠磁饱和电抗器来实现的，而磁饱和电抗器输入电压的调节又是依靠相控式整流装置来实现的，可以说这种充电装置结合了磁饱和和相控式充电装置的优点。它具有性能稳定、可靠性高、经济、易于维护等优点，是一种较为理想的直流电源，能满足变电站的控制电源、操作电源及应急照明等需求。

GZD－3系列直流屏由一屏或多屏组成，充电浮充电装置、电池全部装于屏内。一套两台充电浮充电装置正常工作时，浮充电装置作为恒压源对控制母线供电，对电池进行长期浮充电；充电装置作为恒流源对电池进行充电，当充电电压上升到电池终止电压时，自动地从恒流源工作状态转为恒压源的工作状态，对电池进行均衡充电。均衡充电结束后自动关机。当浮充电装置发生故障时，充电装置自动启动，替代浮充电装置工作。

GZD－3 系列直流屏采用免维护铅蓄电池，电池的充电采用0.1 A 的恒流充电，恒流精度≤ ±5%，并采用两套三种充电终止控制形式，当电池组达到终止电压时能自动停止充电装置，转入长期浮充电。

不论 GZD－3 系列直流屏在任何状态，交流失电时能无间隙地使电池自动向母线供电；能在无人值班的状态下工作，全部采用自动控制，同时还设有整套的手动操作功能；具有多路输出，供控制、合闸、信号、继电保护、事故照明和应急使用；还具备交流失电、交流缺相、母线接地、欠电压、过电压、浮充装置故障、音响报警功能、绝缘监察、闪光试验等各项自检功能；为了方便用户对电池的维护，设有电池活化装置。

4.2 蓄电池

4.2.1 蓄电池的电特性

1. 主要蓄电池体系的电动势

电动势是电池在理论上输出能量大小的度量之一。如果其他条件相同，电动势越高的电池，理论上能输出的能量就越大，使用价值就越高。为了简明区分电池的系列（体系），使用标称电压。它是电压的近似值，或者说是在规定条件下电池工作的标准电压。不同系列的标称电压：铅酸蓄电池 2.0 V；碱性蓄电池 1.2 V；锌银蓄电池 1.5 V；镍氢蓄电池 1.2 V。

2. 开路电压

电池在开路状态下的端电压称为开路电压。电池的开路电压等于组成电池的正极的混合电势与负极混合电势之差。电池的开路电压数值上接近电池的电动势。

3. 工作电压

工作电压是指电池接通负荷后放电过程中显示的电压。电压随放电时间变化的曲线称为放电曲线。

4. 终止电压

终止电压又叫放电终止电压，蓄电池放电低于这一规定的电压时，电池就不能正常工作，如果继续放电可能会造成蓄电池永久损坏。

5. 电池的容量

电池在一定的放电条件下所能输出的电能量称为电池的容量，以符号C表示。容量常用单位：安培小时，简称安时（A·h）或毫安时（mA·h）。电池的理论容量又叫计算容量，是由电极里含有活性物质的量决定的。电池的实际容量是指电池在一定的条件下所能输出的电量，它等于放电电流与放电时间的乘积。电池的额定容量又叫标称容量，是指在制造厂规定的条件下，蓄电池能保证的最高容量。

6. 蓄电池的使用寿命

在规定条件下，电池的有效寿命期限称为该电池的使用寿命。蓄电池内部发生短路或损坏以及容量达不到额定要求时，蓄电池失效，这时电池的使用寿命终止。蓄电池的使用寿命包括使用期限和使用周期。使用期限是指蓄电池可供使用的时间，包括蓄电池存放时间。使用周期是指蓄电池可供重复使用的次数。例如，镉镍中倍率碱性蓄电池寿命规定：在环境温度20℃ ±5℃下，全充全放的循环次数不少于900次，浮充使用时，寿命一般为15～20年。

蓄电池每经受一次全充和全放电叫作一个周期或一个循环。锌银蓄电池循环次数为30～500次；铅酸蓄电池循环次数为300～500次；碱性镉镍蓄电池循环次数为500～1 000次。

影响蓄电池寿命的主要因素是电池容量逐渐下降。这是因为活性物质晶型改变，表面积收缩，活性物质膨胀、脱落，骨架或基板腐蚀等。影响蓄电池寿命的还有内部短路。蓄电池的使用与维护对预期寿命有着很大的影响。

4.2.2 蓄电池的运行制度

蓄电池的运行制度一般有三种运行方式：充放电制（或称循环使用）、定期浮充制和连续浮充制。

1. 充放电制（或称循环使用）

充放电制是指如助动车用蓄电池、矿灯用蓄电池和手提式工具等的充放电方式，多用于小容量、移动型便携式蓄电池，这种运行制度的蓄电池使用寿命较短，因为电池频繁进行全充电全放电，水消耗较多，须注意经常维护。

2. 定期浮充制

定期浮充制是指用电设备部分时间由蓄电池供电，部分时间由整流器供电，并补充蓄电池组已放出的容量及自放电损失的容量。定期浮充制也叫半浮充制，是一种定期将直流电源设备（如整流器）和蓄电池并联的工作方式。采用定期浮充制运行方式的蓄电池的寿命较充放电制长一些。

3. 连续浮充制

连续浮充制是指运行时昼夜将蓄电池组和整流设备并联在用电设备回路上。整流设备不但对用电设备供电，而且还对蓄电池保持少量的充电电流，当电网停电或整流设备出故障时，蓄电池自动切换过来对用电设备供电，直至交流进线供电恢复。保证不中断对用电设备供电。连续浮充制也叫全浮充制。

4.2.3 碱性蓄电池类型

1. 碱性电池命名

采用碱性电解液组成的蓄电池通常称为碱性蓄电池。碱性蓄电池种类比酸性的要多，常用的有以下几种：镉镍蓄电池、铁镍蓄电池、锌银蓄电池等。国产碱性电池一般命名方式分三段，如图4—3所示。

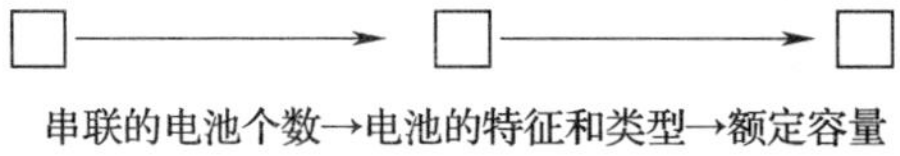

图4—3 碱性电池命名方式

主要的代号及意义如下：

电池类型代号：G—负极材料镉；N—正极材料镍；X—负极材料镉；Y—正极材料银；T—负极材料铁。

电池形状代号：Y—圆柱密封型；G—高倍率；Z—中倍率；L—低倍率。

如10只镍镉圆柱密封高倍率4 A·h碱性蓄电池组表示为10GNYG4：10表示串联电池个数（若单体电池为1时，第一段可省去）；G表示负极材料镉代号；N表示正极材料镍代号；Y表示圆柱密封型代号；G表示高倍率放电代号；4表示电池额定容量。

2. 镉—镍、铁—镍蓄电池

镉—镍、铁—镍蓄电池是两种较为常见的碱性蓄电池。镉—镍蓄电池按极板结构不同分为有极板和烧结式两种类型，前者适用于中速放电，后者适用于大电流放电。负极板活性物质分别为海绵状镉和铁，正极板活性物质都采用羟基镍粉（$Ni(CO_4)_2$），25℃时电解液密度为1.18～1.28 g/cm^{3}的氢氧化钾（KOH）溶液，电池外壳用金属或塑料制造。

按电池形状又可分为长方形盒式蓄电池（容量10～500 A·h）、圆筒形密封蓄电池（容量0.5～3 A·h）以及扣式密封蓄电池（容量0.1～0.5 A·h）。

镉—镍蓄电池的特点：使用寿命长，1 000 ~ 2 000 次充放电循环；强度好，耐冲击和耐振动；放电平稳；低温性能好。有极板盒式镉—镍蓄电池放电曲线如图 4—4 所示。

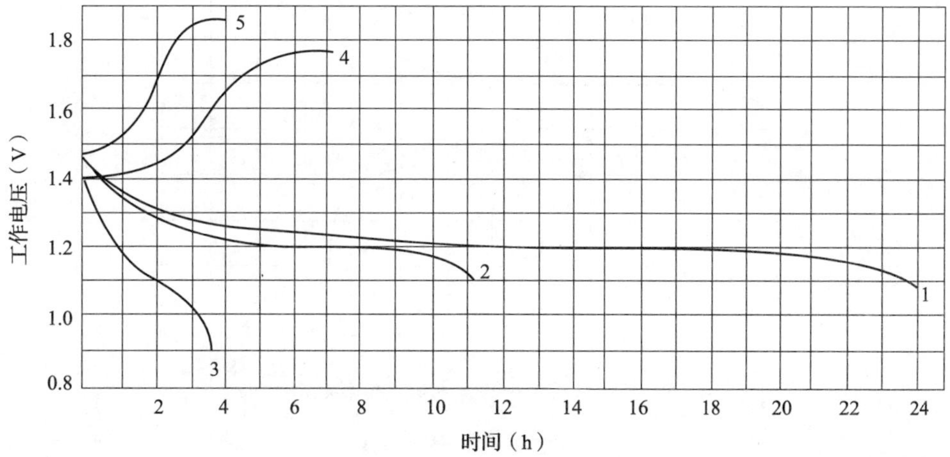

图 4—4　有极板盒式镉—镍蓄电池放电曲线

镉—镍蓄电池应用在变电所作浮充蓄电池使用时，特别要注意镉—镍蓄电池的“记忆”效应，长时间浮充电不经常放电会使蓄电池容量及其电气性能有所下降，因而对运行中的电池必须经常进行全容量放电活化。

3. 半烧结式镉—镍蓄电池

半烧结式镉—镍蓄电池适用于备用、启动、大电流放电的直流电源。

半烧结式镉—镍蓄电池由塑料外壳、正负极板、隔膜、顶盖、气塞帽及电解液等组成。正负极板间由隔膜隔开，组成极板组，装入外壳内，加盖胶封。盖上有正极柱、注液口，可灌注密度为 1.25 ~ 1.28 g/cm^3 的氢氧化钾电解液，灌满后用气塞帽将注液口塞紧。

半烧结式镉—镍蓄电池 4 h 率充放电曲线如图 4—5 所示。

由图 4—5 可以看出，充电电压升至 1.75 V 就足够了，在充电时电池处于过充状态，大部分电能消耗于电解水，放出氧气和氢气；放电时，电压在 1.2 V 以上较稳定，小于 1.2 V 时电压下降很快。

4. 蓄电池容量选择

变电站蓄电池容量确定应同时满足三项要求：放电电流、放电时间、放电电压。具体设计时主要考虑以下几个方面的因素：

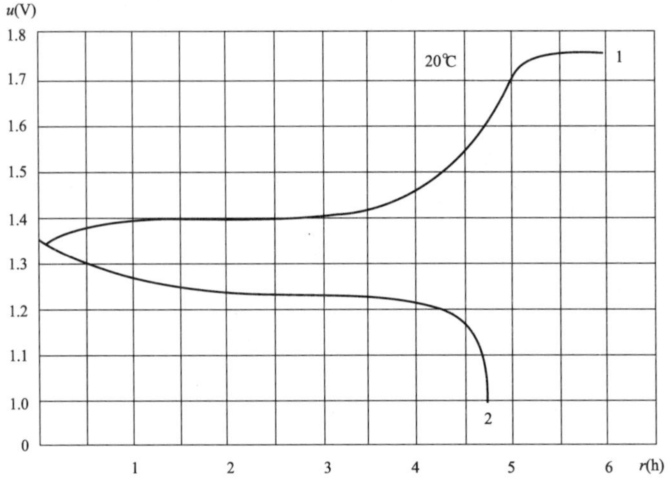

图 4—5　半烧结式镉—镍蓄电池 4 h 率充放电曲线

1—充电曲线　2—放电曲线

（1）放电时间

根据相关设计规定变电所蓄电池容量的选择必须满足以下要求：与电力系统连接的变电所，事故停电时间按 1 h 计算，无人值班变电所按 2 h 计算。

独立的自带蓄电池交流不间断电源装置（UPS）计算时间按 1 h 计算，交流不间断电源装置（UPS）直流电源取自继电保护直流电源系统的，其蓄电池放电过程中要满足交流不间断电源装置工作条件。

（2）放电电流

蓄电池容量应满足最终设计完成变电所事故停电时的放电电流（当有两组蓄电池时，以一组蓄电池带两段直流负荷计算放电容量）。对于放电过程中各种较大电流的冲击负荷分为两种情况讨论：1）瞬时大电流会引起母线电压降低，此时应考虑母线电压下跌是否影响其他设备的正常工作，特别是继电保护装置；2）对于大电流冲击持续一段时间的负荷应该统计在蓄电池容量表中。

（3）放电电压

根据蓄电池的时间—电流的容量关系，应保证事故情况下蓄电池放电末期及各类冲击负荷电流的条件下，控制母线电压应不低于直流母线额定电压的 85%。这里的 85% 控制母线电压是考虑到电源端到最终保护设备及开关跳闸之间导线上的电压降余度。

（4）环境温度

根据所选用的蓄电池容量—温度特性，应在最恶劣温度条件下保证蓄电池放电容量满足以上三方面的要求。例如，城轨交通变电站多为地下站，环境温度经常在30℃以上，蓄电池的温度特性必须能满足这样的环境条件。

（5）可靠系数

为保证蓄电池放电容量在工作期间的安全可靠，在满足上述四方面的要求条件下，放宽一定容量。

5. 铅酸蓄电池运行维护中常见问题及处理

城市轨道交通变电站直流系统通常有两组蓄电池直流系统，采用连续浮充电运行方式，如果是阀控式密封蓄电池，运行中是无法看清蓄电池内部状况的。若平时不认真巡视、维护，蓄电池发生问题根本无法发现。遇到因电网发生故障导致变电站全站失电，需要直流供电而无法出力时，对整个轨道交通运营的影响是灾难性的。这方面已有很多事故先例，对此应该提高警惕，认真加强直流系统的运行巡视工作和维护工作，不断进修蓄电池理论知识，根据蓄电池的工作特性及时发现蓄电池在运行中的异常症状，及时排除蓄电池在运行中的缺陷，保证关键时刻蓄电池能够提供可靠的直流电源。

（1）蓄电池浮充电流异常增大：说明某些蓄电池性能恶化，因为在充电机工作正常且近期没有交流失电的情况下，蓄电池浮充电流应稳定在一个较小的数值。不管是富液式还是贫液式铅酸蓄电池其浮充电流均不会大于2 mA/A · h。此时，应立即调低浮充电流在1 A之内，并检查每一节蓄电池有无失水、膨胀、壳体发热，有无酸雾逸出等，及时排除酸雾。

（2）充电机停止工作：一般有两类原因，一是蓄电池本身性能问题，二是充电机或充电回路有故障。应搞清原因分别予以解决。

（3）蓄电池电压不稳定：这种情况一般都由充电机引起，应对充电机进行检查，对于相控式充电机，应重点检查控制触发回路接插件有无不良，控制回路是否不稳定等。

（4）富液式蓄电池加水频率提高：这种情况一般由充电机输出纹波大造成，纹波大通常由输出滤波电容开路或相控充电机触发脉冲缺失所造成。

（5）蓄电池外壳开裂或酸雾造成表面爬电，造成直流接地：应对蓄电池外表进行清洁并仔细检查，开裂的缝一般很细小，不仔细察看一般很难发现。可以根据绝缘报警指示重点进行检查，如直流正接地就应重点检查蓄电池正端附近，反之同理。

尽量采用数字式电流表，并应能显示小数点后两位。高频开关电源和相控电源输出的直流稳定度很高，所以几百毫安的充电电流显示应该非常稳定，当发现电流不稳定时一般说明开关电源模块或控制电路等开始出现问题。磁饱和控制充电机电压稳定精度较差，浮充电流表在零位附近左右晃动，这是正常的，一般晃动幅度不会大于1 A。

技能要求

单只蓄电池在线活化

操作条件

1. 实训目的

通过专业实训，使学员掌握单只蓄电池在线活化方法，熟悉蓄电池特点及原理，能通过单只蓄电池在线活化对电池进行保养，能做出正确的判断，并正确使用专业术语进行汇报。

2. 实训设备及工具

序号	名　称	规格	单位	数量	备注
1	蓄电池		节	1	连成系统
2	单电池在线活化仪		台	1	
3	单相三线移动电源插座	220 V	只	1	
4	数字万用表	500 V	台	1	
5	各种旋具		支	若干	
6	尖嘴钳		把	1	
7	绝缘胶带	3 M	米	若干	

3. 实训要求

（1）熟悉蓄电池在线活化仪的使用方法。

（2）熟悉蓄电池在线活化原理。

操作准备

1. 单电池在线活化仪（见图4—6）。

2. 单相三线移动电源插座，作为单电池在线活化仪与交流电源的连接。

3. 一块数字万用表，校验测量活化仪和电池电压用。

4. 直流输出红黑正负引线固定在活化仪的连接端子上。

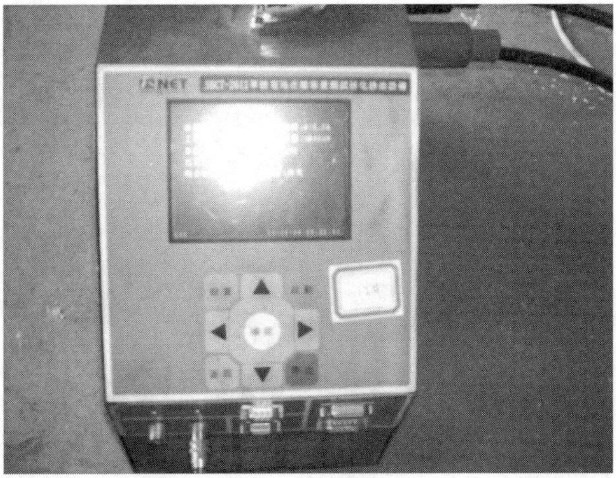

图4—6　单电池在线活化仪

操作步骤

步骤1　活化仪与单电池的导线连接

按顺序接线

（1）活化仪直流正负引线夹与待活化蓄电池的正负极可靠相接，如图4—7所示。

（2）活化仪温度传感引线夹与蓄电池正负极可靠相接。

（3）活化仪控制电源引线插到移动电源插座上，如图4—8所示。

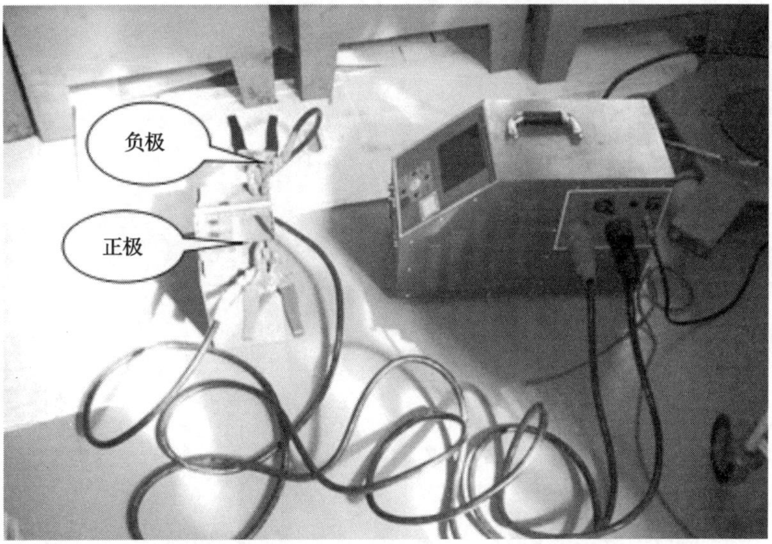

图4—7　活化仪直流正负引线夹与待活化蓄电池的正负极可靠相接

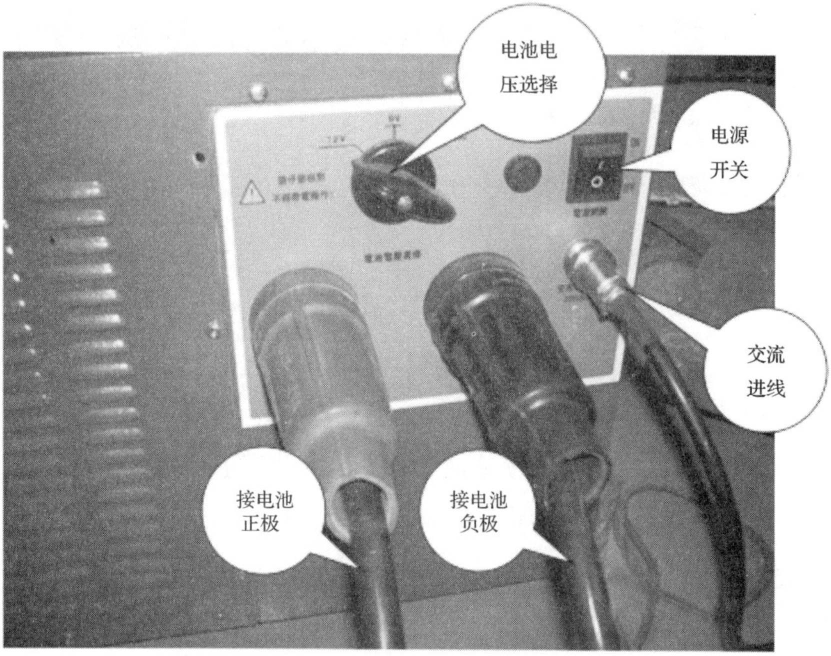

图 4—8　活化仪控制电源引线插到移动电源插座上

步骤 2　活化仪开机顺序（按顺序进行操作）

（1）按下电源开关按钮确认开机并按下负载放电（见图 4—9 和图 4—10）。

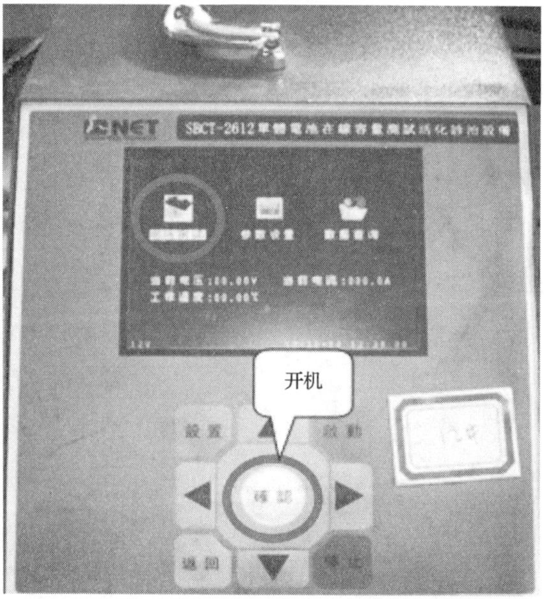

图 4—9　按下电源开关按钮

图 4—10 负载放电

（2）按活化电池容量设置相应的参数（见图 4—11）。

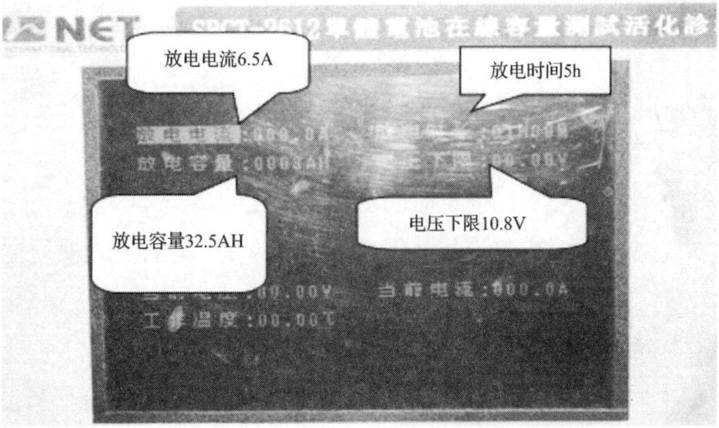

图 4—11 按活化电池容量设置相应的参数

放电电流 6.5 A；放电时间 5 h（用 0.1 C 放电 50%）

放电容量 = 放电电流 × 放电时间 = 6.5 A × 5 h = 32.5 A · h

（3）按下“确认”按钮，再按下启动键，进入活化程序，如图 4—12 所示。

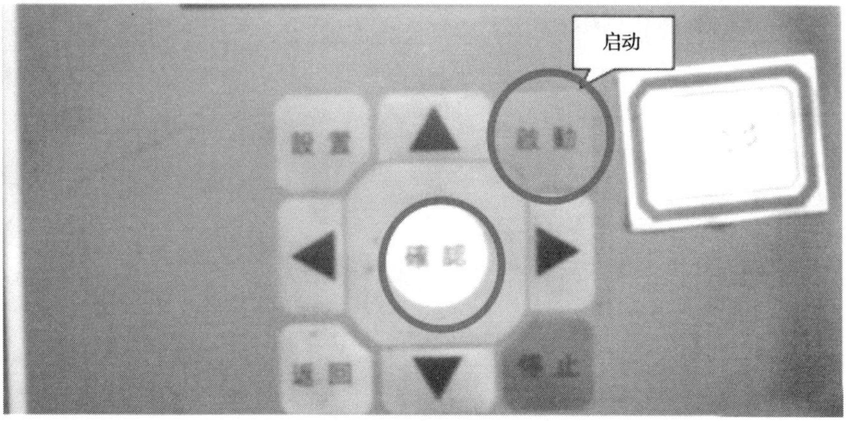

图 4—12　活化程序

步骤 3　检查，汇报

（1）凡需操作的万用表及单电池在线活化仪需检查并校验无误后方可操作。

（2）试验危及人身及设备安全运行时，应立即停止操作并立即通知专业人员及时进行处理，不得拖延时间。

（3）操作完毕后对所做工作再次进行检查并填写试验报告。

理论知识复习题

一、判断题（将判断结果填入括号中。正确的填“√”，错误的填“×”）

1. 蓄电池的开路电压就是断开负荷时的电压。（　　）
2. 蓄电池的工作电压是不随放电时间变化而变化的。（　　）
3. 蓄电池放电或使用时应将电能放干净，电压为零。这样充电时电能才能充得进。（　　）
4. 蓄电池存放期不使用，所以不计入其使用寿命。（　　）
5. 蓄电池放电后应及时充电。（　　）
6. 蓄电池的使用寿命只与充放电循环次数有关。（　　）
7. 蓄电池浮充电流异常增大说明某些蓄电池性能恶化。（　　）
8. 相控式磁饱和充电装置停止工作，如果排除充电装置本身故障以外，一般是蓄电池电能已经充满了。（　　）
9. 蓄电池充电时电压不稳定的主要原因是蓄电池本身质量问题。（　　）

10. 所谓磁饱和相控充电是指输入变压器的铁芯工作在饱和区段。（　　）

二、单项选择题（选择一个正确的答案，将相应的字母填入题内的括号中）

1. 蓄电池不放电时，电池两极之间的电位差称为（　　）。

A. 电池电压　　B. 短路电压　　C. 放电电压　　D. 开路电压

2. 蓄电池的开路电压等于（　　）。

A. 正极对地的电压　　B. 正极对负极的电压

C. 正极电动势与负极电动势之和

D. 组成电池的正极的混合电势与负极混合电势之差

3. 蓄电池的开路电压在数值上（　　）电池的电动势。

A. 等于　　B. 不等于　　C. 接近　　D. 不确定

4. 蓄电池（　　）是指电池放电时电池两极之间的电位差，又称放电电压或端电压。

A. 电池电压　　B. 短路电压　　C. 工作电压　　D. 开路电压

5. 蓄电池的工作电压在数值上（　　）蓄电池的电压标称值。

A. 等于　　B. 不等于　　C. 接近　　D. 不确定

6. 在额定条件下，蓄电池的工作电压随负荷的变化而（　　）。

A. 变化　　B. 不变　　C. 有限变化　　D. 不确定

7. 放电（　　）是指蓄电池放电时允许的最低电压。

A. 电池电压　　B. 终止电压　　C. 工作电压　　D. 开路电压

8. 蓄电池的使用寿命以（　　）次数来计算。

A. 充电　　B. 放电　　C. 浮充使用　　D. 全充全放循环

9. 阀控式铅蓄电池应采用（　　）方式充电。

A. 恒流　　B. 恒压　　C. 限流转恒压　　D. 限压转恒流

10. 对蓄电池寿命有影响的因素有（　　）。

A. 积灰　　B. 温湿度控制　　C. 振动　　D. 过放

理论知识复习题答案

一、判断题

1. ×　2. ×　3. ×　4. ×　5. √　6. ×　7. √　8. ×　9. ×　10. √

二、单项选择题

1. D　2. D　3. C　4. C　5. B　6. B　7. B　8. D　9. C　10. D

第5章

电气试验

学习完本章的内容后，您能够：

- ☑ 了解电气试验的目的
- ☑ 了解电气试验的意义
- ☑ 掌握电气试验的分类
- ☑ 了解电气试验的方法
- ☑ 掌握电气试验的安全措施

知识要求

5.1 电气试验的目的、意义及分类

5.1.1 电气试验的目的及意义

1. 电气试验的目的

电气设备在长期的运行中不仅要耐受额定电压，而且还经受各种过电压的冲击。如果电气设备有缺陷，在过电压的冲击下，必然导致电气设备的绝缘损坏。电气试验的目的就是通过一定的手段，依靠仪器设备，采用模拟的方法检验电气设备的绝缘性能，及时发现其缺陷。

2. 电气试验的意义

电气设备的绝缘缺陷可分为两大类：第一类是整体性缺陷，如绝缘的老化、潮湿和被污染，这些都会造成电气设备的绝缘性能下降；第二类是局部缺陷、潮湿和局部存在气泡等，这些缺陷都能经过电气试验检查出来。按规程，电气设备经一定时间运行后都要进行电气试验，以此保证电气设备的安全运行，掌握电气设备绝缘性能的变化规律，及时发现缺陷和进行相应的维护，起到预防事故的作用。

5.1.2 电气试验的分类

1．绝缘试验

变电所的高压设备在运行中的可靠性基本上取决于其绝缘的可靠性，而判断和监督绝缘最可靠的手段是绝缘试验。试验又可分为非破坏性试验和破坏性试验。

非破坏性试验是指在较低的电压下或用其他不会损伤绝缘的办法来测量绝缘的某些特性（如绝缘电阻、介质损耗、局部放电、电压分布、色谱分析、超声波探测等）及其变化情况，来判断制造过程中和运行中出现的绝缘缺陷。实践证明，非破坏性试验对绝缘的判断是有效的，但由于所加试验电压相对来说是较低的，有些绝缘缺陷还不能充分暴露出来。目前，各种非破坏性试验的测试量与绝缘耐电强度之间还没有确切的定量关系，但根据多种非破性试验结果并参考过去的试验数据是可以较为确切地判断绝缘缺陷的。

近几年来，非破坏性试验的带电测量（或称在线监测）、远红外测温等在现场已得到广泛应用。这对于综合判断设备的运行状况，及时发现绝缘缺陷非常有利，可以提高综合判断的可靠性。

破坏性试验也叫耐压试验，是模仿设备的绝缘在运行中实际可能出现危险过电压的状况来对绝缘施加与之等价的高电压进行的试验。因此，这类试验对设备绝缘的考验是严格的，发现绝缘缺陷是最有效的，特别是对那些危险性较大的集中性的缺陷。通过试验能保证被试设备具有一定的绝缘水平或裕度，但在试验过程中却有可能损坏设备的绝缘，因而称为破坏性试验。为尽可能避免在试验过程中损坏设备，增加不必要的检修工作量和难度，常在耐压试验之前先进行一系列的非破坏性试验进行初步判断，如绝缘存在问题应先查明原因并加以消除后再进行耐压试验。

2．特性试验

通常把绝缘以外的试验统称为特性试验。这类试验主要是对电气设备的导电性能、电压或机械方面的某些特性进行测量（如变压器绕组的直流电阻测量、变比试验、连接组试验以及断路器的接触电阻，分合闸时间及速度特性试验等都属于设备的特性试验）。

上述两类试验的目的就是通过试验来发现运行中或新投入的设备在绝缘和特性方面存在的某些问题。但各种试验又都具有一定的局限性，因此，试验人员应根据试验结果，结合出厂和历年试验数据进行纵向比较，并且与同类型设备试验数据及有关标准进行横向比较，经综合分析比较来发现设备的绝缘缺陷或薄弱环节以及其他损伤，为设备检修或更换提供可靠的依据。

5.2 电气试验的方法及安全措施

5.2.1 电气设备试验的方法

1. 绝缘电阻和吸收比测量

测量电气设备的绝缘电阻和吸收比是检查和了解设备绝缘状况最简便的方法。实践证明，通过测量其绝缘电阻、吸收比和极化指数常能有效地发现电气设备普遍存在受潮、表面脏污、绝缘老化和贯穿性的缺陷。因此，测量绝缘电阻和吸收比是绝缘试验最基本的方法，是电气检修、运行和试验人员都应掌握的。

（1）绝缘介质在直流电压作用下的电流。根据绝缘介质的理论，介质在直流电压作用下，其等值电路如图 5—1a 所示。从等值图中可以看出，流过绝缘介质中的电流有三种。

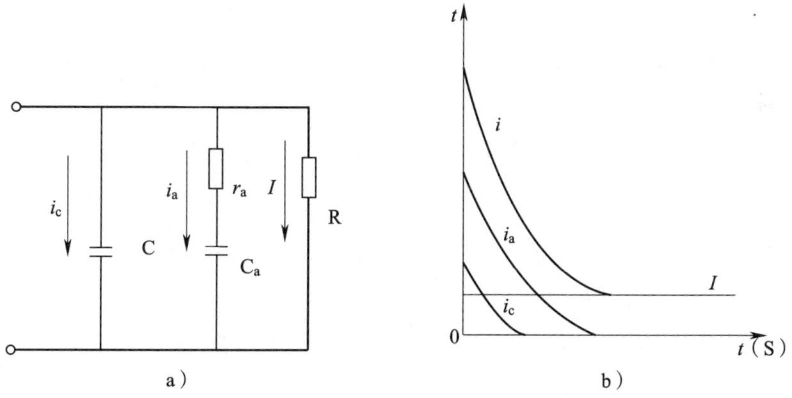

图 5—1 绝缘介质在直流电压作用下等值电路及电流随时间变化曲线图

a）等值电路图 b）三种电流及合成总电流随时间变化的曲线

1）电容电流 i_c。它是由绝缘介质内的电子或离子在直流电场的作用下产生位移而形成的电流，它与介质的几何尺寸有关，所以又称几何电流。由于电子或离子在电场作用下移动非常快，极短的时间内就可完成，所以电流迅速衰减为零，如图 5—1b 中

的曲线 i_c 所示。

2）吸收电流 i_a。它是夹层极化和偶极子转向极化形成的。这两种极化属于缓慢极化，所以吸收电流衰减得很慢，它相当于电源经电阻向电容器充电的作用。其随时间的变化如图 5—1b 中的曲线 i_a所示。

3）泄漏电流也称电导电流 I。它是由绝缘介质中的极少数载流子（主要是离子）定向移动所形成的。它在加压后瞬间趋于稳定值，与加压时间无关。其变化如图 5—1b 中曲线 I 所示。

三个电流合成的总电流曲线 i 称为吸收曲线。其随时间变化情况见图 5—1b 中的曲线 i。

（2）绝缘电阻试验原理。绝缘电阻 R 就是加在绝缘介质上的直流电压 U 与其泄漏电流 I 之比，即 $R=U/I$。

当试验电压一定时，良好的绝缘，其电导电流是很小的，也就是说绝缘电阻是很高的；但当绝缘受潮、表面脏污或局部开裂时，绝缘性能很快下降，电导电流急剧增加，绝缘电阻显著减小。因此，通过测得的绝缘电阻，可间接地表示与时间无关的电导电流的大小，可以初步了解绝缘状况。但试验时，必须注意应有足够的加压时间，以使电容电流和吸收电流两个分量衰减完毕，流过绝缘介质的电流仅剩下电导电流 I，这样才能测得真实的绝缘电阻值。理论上加压时间需无限长才能达到上述要求，为了缩短测量时间和便于比较，工程上一般用加压 1 min 所测得之值作为绝缘电阻值。高电压大容量的电力变压器采用加压 10 min 的绝缘电阻值。

（3）吸收比试验原理。绝缘介质在受潮或有缺陷时，电导电流 I 显著增加，吸收曲线随之发生显著变化，如图 5—2 所示。可见良好的绝缘介质，其 i_0/I 之比值大于受潮后 i_0'/I'之比值。因此，以 i_0/I 之比值大小就可以判断绝缘的优劣。

由于实际工作中，测量 R_∞ 与 R_0是比较困难的，因此，工程中是用加压 60 s 测得的 R_{60}与加压 15 s 测得的 R_{15}之比值来表示吸收比，即 $K=R_{60}/R_{15}$。一般说来，R_∞/R_0的比值要比 R_{60}/R_{15}的比值大，但这两个比值分别与绝缘状况优劣的对应关系是一致的，因此，吸收比的取值改变并不影响其实际使用。

2. 介质损耗角正切的测量

介质损耗因数 tgδ 的测量习惯上简称为“介损试验”。该试验在现场应用较广，是判断绝缘状况较为有效的一种方法。

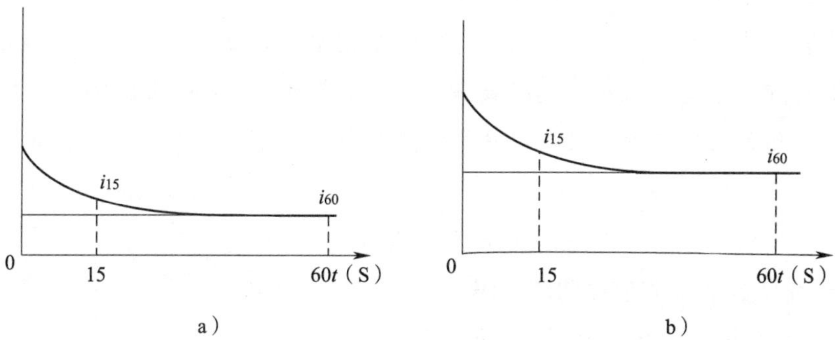

图 5—2　绝缘介质在不同状况下的吸收曲线

a）良好绝缘的吸收曲线　b）受潮绝缘的吸收曲线

（1）介质损耗因数 tgδ 的物理意义。由绝缘介质的理论可知，电介质在交流电压作用下，除电导和周期性缓慢极化引起的损耗外，有时还可能产生游离损耗，即电晕和局部放电损耗。这些损耗统称为介质损耗。介质损耗能引起绝缘介质发热，并且损耗越大产生的热量越多，介质的温度就会升高，使介质损耗继续增大。当散热条件较差时，有可能发热量大于散热量，这时介质的温度会不断地升高，损耗也会不断地增大，如此恶性循环下去，则会在绝缘的薄弱点形成热击穿。

当介质劣化时，介质损耗就明显增加，故介质损耗的大小是反映介质优劣程度的一个重要方面。

介质在交流电压作用下的情况如图 5—3 所示。

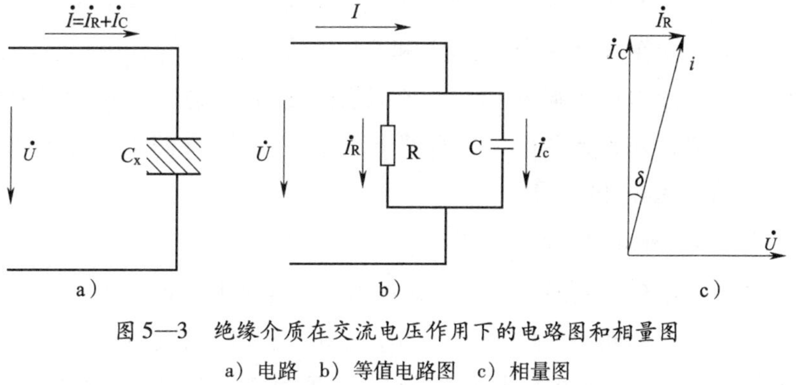

图 5—3　绝缘介质在交流电压作用下的电路图和相量图

a）电路　b）等值电路图　c）相量图

为了分析简便，通常把绝缘介质看成由一个等值电阻 R 和一个等值无损耗电容 C 并联组成的电路，如图 5—3b 所示，通过介质的总电流 I 是由通过 R 的有功电流 I_R

和通过 C 的无功电流 I_C 所组成。I_R 流过电阻 R 所产生的功率代表全部的介质损耗，I_R 越大，介质损耗就越大。由 I_R、I_C 和 I 所组成的相量图如图 5—3c 所示。从图 5—3c 中可以看出 I_R 的大小与 I 和 I_C 之间的夹角 δ 有关，δ 越大，I_R 越大，因此，称 δ 为介质损失角。从图 5—3b 和图 5—3c 中也可以得出介质损耗 P 与介质损失角 δ 之间有如下关系：

$$P = U^2 \omega C \tan\delta$$

式中 P——绝缘介质中的损耗功率，kW；

U——被试品上的交流电压有效值，V；

ω——电源角频率，H_Z；

C——被试品电容，μF。

从上述关系式可以看出，通过测量 tanδ 值就可以反映出绝缘介质损耗的大小。

（2）测量方法。测量 tgδ 的方法有平衡电桥法，不平衡电桥法、相敏电路法和低功率因数瓦特表法等。目前用得较普遍的有平衡电桥法和不平衡电桥法两种，只有测量大电容量试品（电容器和长电缆）时才使用低功率因数瓦特表法。本节只对平衡电桥（QS1 型电桥）的测量原理加以叙述。

1）测量原理。QS1 型电桥的基本线路如图 5—4 所示。图 5—4 中被试品用 C_X、R_X 表示，C_N 为标准空气电容器（tan$\delta\approx0$），G 为检流计，R3 和 C4 为两个低压臂。电桥工作电压为 10 kV。当被试品两极对地绝缘时，采用图 5—4a 所示的正接线法。在正接线法中，由于 D 点接地，操作人员在调节电桥 R3 和 C4 的手柄时是比较安全的，但在测量现场，被试品的一极通常是接地的，测量其绝缘比较困难，因此不得不采用图 5—4b 所示的反接线法，此时电桥的调节部分对地都处于高电位。为了保证操作人员的安全，R3 和 C4 都采用绝缘手柄，并且将电桥处于高电位的部分都放在接地的屏蔽箱内。但在使用中还要注意，电桥引至被试品和标准电容器的引线都是处于高电位，但桥臂上的电压降 U_{DA} 和 U_{DB} 通常只有几伏，电源电压实际上都加到 C_X 和 C_N 上。

电桥的屏蔽是一种理想情况，没有考虑任何杂散或干扰电流对电桥测量的影响，如图 5—5 所示。当电桥平衡时，流过被试品和 R3 臂中的电流是相同的，流过 C_N 和 R4、C4 臂的电流也是相同的，而且 $U_{AD}=U_{BD}$，即 $U_{AB}=0$，在这种情况下的 tgδ 才在数值上等于 C4 的微法数。要在实际测量中达到上述平衡条件就必须注意桥臂 A、B 两处（见图 5—5）对地杂散电流分流的影响。在正接法中，由于 R3 和 R4 数值小，因此，

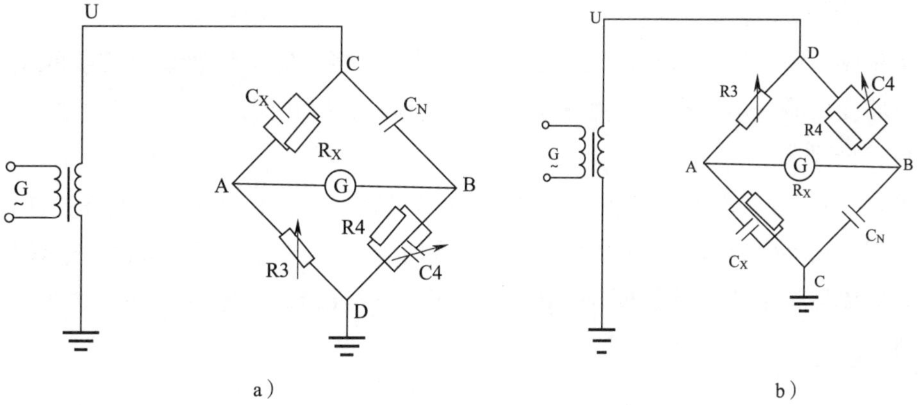

图 5—4 QS1 型电桥的基本线路

a）正接线法 b）反接线法

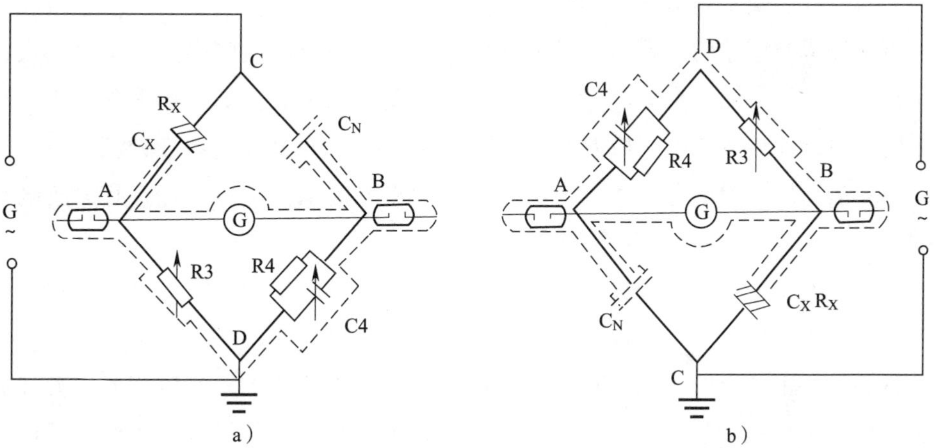

图 5—5 电桥的屏蔽

a）正接线法 b）反接线法

正接线法中杂散电容和它们并联产生的分流影响较小；反接线法时，由于试品和 C_N 的阻抗均较大，特别是在测试小电容量试品时，杂散电容的分流影响是不能忽略的。消除杂散电容分流影响的措施是将电桥本体和电桥接至被试品 C_X 和标准电容 C_N 的引线都屏蔽起来，并把屏蔽接至电桥的 D 点。屏蔽用虚线表示在图 5—5 上。

除采用屏蔽及屏蔽线来减少杂散电容电流的影响外，在反接线时，还需要注意 C_N 及 C_X 的表面绝缘电阻，必须保持绝缘表面干燥、清洁，以消除杂散电导电流的影响。图 5—5 中 A、B 两处与屏蔽之间有放电管，以保证 A、B 两处与屏蔽之间在各种情况下都不会出现较高的电位差。

2）测量操作步骤

①根据现场条件，选取正接线法或反接线法。接线完毕后要检查接线的正确性，做到试验变压器、调压器、电桥外壳均良好接地，各引线间以及引线对地之间的绝缘距离应符合要求。

②将 R3、tgδ（%）及检流计灵敏度等均旋至零位，极性开关置于断开位置。

③根据试品电容量的大小并按桥体上所标示出的分流器位置与被试品电容量的关系进行分流器位置的选择，如不在 10 kV 电压下进行试验，被试品电容电流 I_{CX} 可按下式计算：

$$I_{CX} = \omega C_X U \times 10^{-6} (A)$$

式中 U——试验电压，V；

ω——电源角频率，当 $f = 50$ Hz 时，$\omega = 314$ rad/s；

C_X——被试品电容量，μF。

若不知道被试品的电容量，可以在试验变压器高压绕组中串入一个毫安表，直接测量被试品交流电流，根据测量结果来选择分流器的位置。如现场无毫安表，则可在测量时先将分流器放在电流最大处，然后根据调节 R3 的指示，改变分流器的位置。

④合上高压试验电源开关，将电压升至所需要的试验电压，观察有无放电等异常现象。

⑤合上电桥的检流计开关，此时检流计刻度盘上应出现狭窄的光带，并调整调零位旋钮，使光带位于中间位置。

⑥将电桥本体上的 tgδ 极性开关切换到“+tgδ”位置上，然后调节检流计灵敏度开关，使光带扩展到满刻度的 1/3～2/3。如果觉得检流计灵敏度不太好，还可以调节频率旋钮，使灵敏度达到最大。如调节过程中光带超过满刻度，可以降低灵敏度后再进行调节，直到光带最宽为止。

⑦调节 R3 使光带缩至最窄，当调节 R3 光带缩小不明显时，再调节 tgδ（%），即调节 C4，使光带进一步缩小。当光带缩小到 2～3 格时，再增大检流计的灵敏度，然后反复调 R3、tgδ（%），使光带缩至最窄，一般不超过 4 mm。

⑧记下分流电阻 R_n、电阻 R3、ρ 及 tgδ（%）的数值。

3. 局部放电的测量

（1）局部放电机理。高压电气设备绝缘内部在制造过程中总不可避免地存在一些气泡、杂质和缺陷等，经过一段时间的运行，随着绝缘材料表面污秽积累、绝缘介质的老化，电气设备的绝缘性能会逐渐下降。原因是在强电场作用下，这些气泡、气隙或表面的污秽局部场强达到一定数值，有缺陷处就会产生局部放电。

局部放电的初期并不会立即形成贯通性损坏通道，仅在微小的局部空间里很分散地进行着，几乎不会影响设备的绝缘性能，不影响设备运行。但是，局部放电产生的电子、离子在电场的作用下不断地撞击气泡或缺陷的表面，使绝缘材料的电介质逐渐分解、被破坏，这又造成了局部放电处的电场畸变加剧，进一步加剧放电强度。同时，局部放电的高温会使绝缘介质加速老化，这些损害在长期的运行过程中不断进行、扩大，发展到一定程度时，仅在正常工作电压下就可能会发生绝缘被击穿或沿面闪络。

所以测定绝缘在不同电压下局部放电强度的规律能显示内部绝缘的情况，是判断电气设备绝缘性能的较好手段。

（2）测量原理。局部放电的等值电路如图 5—6 所示。

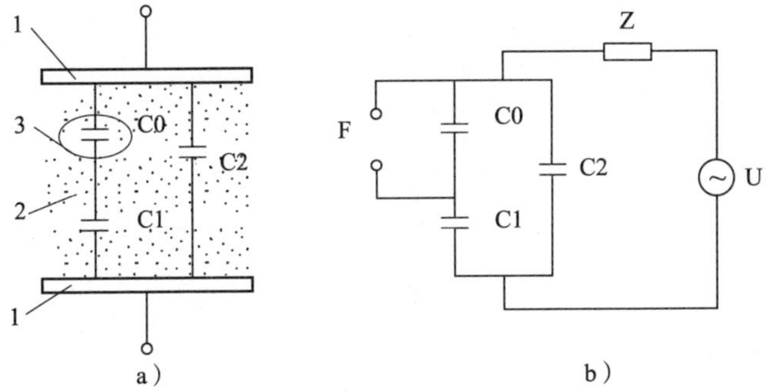

图 5—6　局部放电的等值电路

a）介质中有气泡　b）等值电路

1—电极　2—绝缘介质　3—气泡

图 5—6 中 C0 为气泡电容，C1 为与气泡串联的绝缘部分的电容，C2 为完好绝缘部分的电容，Z 为相应与气隙放电脉冲绿的电源阻抗，F 为放电间隙（指气泡内的）。因为气体介电常数比固体介电常数小，气泡中的电场强度比固体介电场强度大，而气体的绝缘强度又比固体介质的绝缘强度低，所以在电极两端加以电压 u，并逐渐升高，气泡间隙将首先放电。此时，气泡间隙上的放电电压为（此时气泡气隙击穿）：

$$u_F = \frac{C_1}{C_0 + C_1} u_T$$

式中　u_T——开始放电的电源电压。

气泡间隙 F 放电后，其两端电压急剧下降至剩余电压 u_s 时，电弧熄灭。由于外加电源电压继续升高，使气隙上的电压又上升到其击穿电压 u_F 时，气隙又开始第二次放电。气隙放电时的电压和电流波形如图 5—7 所示。局部的反复充放电，使之产生脉冲电流。由于气隙放电产生的电压波动（$u_F - u_s$）将按比例分配在 C1 和 C2 上，从气隙两端看 C1 和 C2 是串联的，故在 C2 上的电压变动为：

$$\Delta u = \frac{C_1}{C_1 + C_2}(u_F - u_s)$$

这就是说，当气泡气隙放电时，试品两端电压也突然下降 Δu，而试品放掉的电荷为：

$$q = (C_1 + C_2)\Delta u = C_1(u_F - u_s)$$

式中　q——视在放电量。

目前，常用的电测法就是通过测量 Δu 和 q 来判断局部放电情况。

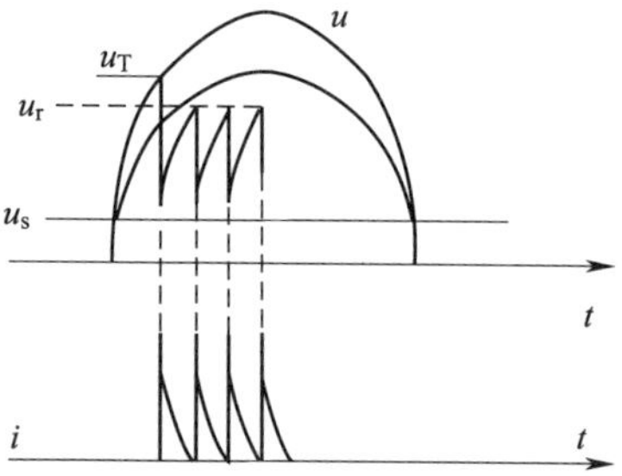

图 5—7　气隙放电时的电压和电流波形

4. 工频耐压试验

（1）工频耐压试验基本原理。工频耐压试验是把一个高于正常工作电压 2.5 倍的工频交流电压加在被测设备的绝缘体上，并持续一段规定的时间。如果其绝缘性能足够好，加在上面的电压就只会产生很小的漏电流。如果一个被测设备绝缘体在规定的时间内的漏电流保持在规定的范围内，就可以确定这个被测设备可以在正常的运行条件下安全运行。

从介质损失的热击穿观点出发，交流耐压试验可以有效地发现局部游离性缺陷及绝缘老化的弱点。由于试验在交变电压下进行，被试品绝缘体上的电压主要按电容分压，气隙或缺陷越大，击穿电压越小，故能够有效地暴露设备绝缘缺陷。但是交流耐压对绝缘的破坏比直流大，必须在一系列非破坏性试验合格之后，才允许进行工频耐压试验。而且由于试验电流为电容电流，所以需要大容量的试验设备。

（2）工频交流耐压试验目的。交流耐压试验是电气设备绝缘的重要试验项目，是考核和检查绝缘电气强度普遍采用的方法。它实际上是考核设备绝缘承受各种过电压的能力，并能有效地发现绝缘抗电强度降低的各种缺陷，对保证设备的安全运行具有重要的意义。

(3) 试验电压的确定。由于交流耐压试验是一种破坏性实验，如何确定合适的电压是一个重要问题。若电压过低，不易发现缺陷，设备在运行过程中的可靠性也不能保证，在过电压的作用下有被击穿的可能。若试验电压过高，则在试验过程中就有被击穿的可能，增加了检修费用和维修工作量。因此，试验电压要考虑运行中绝缘老化及积累效应、过电压的大小等，对于不同的设备应分别对待。一般按国家标准和国家经贸委颁发的《电力设备预防性试验规程》确定各类电气设备的试验电压。

国家标准规定，进行工频耐压试验时，在绝缘上施加工频试验电压后，要持续1 min，这个时间能保证全面观察被试品的情况，同时也能使隐藏的缺陷及时暴露出来。但该时间不宜过长，以免损坏绝缘。一般说来，能经受得住1 min工频耐压试验的电气设备能够保证安全运行。

(4) 工频交流耐压试验的特点。交流耐压是一种破坏性试验。它是在其他较低电压的非破坏性试验合格的基础上进行的。试验中必须利用表计进行严格的监视，并有防止电压升高的措施。

交流耐压会使固体有机绝缘中原有的缺陷得到发展，造成绝缘强度降低，形成绝缘劣化的累积效应。因此，必须正确地选择试验电压标准和加压时间。短时工频耐压时间为1 min，规定1 min是为了便于观察被试品的情况，同时也是为了使已经开始击穿的缺陷及时暴露出来。各种电压等级的电气设备的试验电压值是根据系统中的长时间工作电压、大气过电压、内过电压以及过电压保护装置的水平等因素确定的，不能随意改变。试验电压太高会造成绝缘损伤，甚至发生绝缘击穿；电压太低则不易查出缺陷，也不能保证安全运行。因此，试验电压的选取应按规程要求执行。

进行交流耐压试验时，其电压在绝缘中是按电容量大小成反比分配的，这与在直流电压作用下按电阻成正比分配是不同的。因此，交流耐压试验更能符合设备在运行中承受过电压的情况，能更有效地发现绝缘薄弱点。

综上所述，直流耐压试验和工频交流耐压试验都能有效地发现绝缘缺陷，但各有特点，因此，两种方法不能相互代替，必要时，应同时进行，相互补充。

5.2.2 电气试验的安全措施

预防性试验或交接试验一般都在变电所现场进行，被试设备的周围常有带电运行的高压设备，并且在试验中还要对被试设备施加交、直流高压，因此，为了确保人身安全和设备的正常运行，应在做好完备的安全措施后，再开展试验工作。

试验工作中的安全措施如下：

1. 现场工作必须执行工作票制度，工作许可制度，工作监护制度，工作间断、转移和终结制度。

2. 试验现场应装设遮栏或围栏，悬挂“止步，高压危险!”的标示牌，并派专人看守；被试设备两端不在同一地点时（如电力电缆试验），另一端还应派人看守。

3. 高压试验工作不得少于两人，试验负责人应由有经验的人员担任，开始试验前，负责人应向全体试验人员详细地说明在试验中应注意的安全事项。

4. 因试验需要断开电气设备接头时，拆前应做好标记，恢复连接后应进行检查。

5. 试验器具的金属外壳应可靠接地，高压引线应尽量缩短，必要时用绝缘物将引线支持牢固。为了在试验时确保高电压回路的任何部分不会对接地体放电，高压回路与接地体（如墙壁、金属围栏、接地线等）的距离必须有足够的裕度。

6. 试验装置的电源开关应使用具有明显断开点的双极刀闸，并保证有两个串联断开点和可靠的过载保护装置。

7. 加电压前必须认真检查接线、表计量程，确认调压器在零位及仪表的开始状态均正确无误后，通知有关人员离开被试设备，并取得试验负责人许可，方可加压。加压过程中应有人监护并呼唱。高压试验人员在加压过程中，注意力应高度集中，随时注意防止异常情况的发生，操作人员应站在绝缘垫上。

8. 变更接线或试验结束时应首先将调压器回零，然后断开电源、放电，并将高压输出端接地。

9. 对没有进行短路接地放电的大电容量试品，应先行放电，再做试验。高压直流试验时，每告一段落或试验结束后，应将试品对地放电数次并短路接地后方可接触。

10. 试验结束时，试验人员应拆除自装的接地线，并对被试设备进行检查，清理现场。

11. 在专门的高压试验室进行试验时，高压室中应设置金属屏蔽网围栏，围栏不仅要有机械联锁，还要有电气联锁，并设有红色信号灯，挂有“高压危险”标示牌。试验工作人员均应在金属屏蔽网围栏外面进行观察和操作。

12. 在现场进行试验工作时，工作人员活动范围与带电设备的安全距离不得小于表 5—1 的规定。

表5—1　正常活动范围内作业人员与带电设备的安全距离（m）

电压等级	安全距离	安全距离 （无安全遮拦设备）
10 kV及以下	0.35	0.70
20～35 kV	0.6	1.00

技能要求

氧化锌避雷器的绝缘测试

操作条件

1. 实训目的

通过专业实训，使学员掌握氧化锌避雷器的绝缘测试方法，熟悉变电站内氧化锌避雷器结构及其特点，能通过测试仪器做出简单的判断，并正确使用专业术语进行汇报。

2. 实训设备及工具

序号	名称	规格	单位	数量	备注
1	紧轮套筒扳手		套	1	
2	扳手	8～12寸	把	各2把	
3	常用电工工具		套	1	
4	绝缘电阻表	2 500 V	块	1	
5	运行日志、缺陷记录、检修记录		本	各1本	
6	短接导线		根	若干	
7	压变/避雷器小车	10 kV	台	1	与系统分离
8	直流高压发生器		台	1	

3. 实训要求

（1）了解氧化锌避雷器的功能及绝缘试验方法。

（2）了解氧化锌避雷器的运行规定。

（3）测试结束后，需检查确认氧化锌避雷器运行正常。

（4）绝缘测试不得影响设备运行。

（5）绝缘测试时，无关人员不得进入测试场所。

操作准备

1. 正确穿戴好工作服，袖口必须扎紧。

2. 正确穿戴好绝缘工作鞋。

操作步骤

步骤 1　测量绝缘电阻

测量金属氧化物避雷器的绝缘电阻，可以初步了解其内部是否受潮。

判断标准。测量绝缘电阻采用 2 500 V 及以上的兆欧表。对 35 kV 以上的金属氧化物避雷器，测得的绝缘电阻值应不低于 2 500 MΩ；35 kV 及以下的金属氧化物避雷器，测得的绝缘电阻值不低于 1 000 MΩ，在测试中，应先将瓷套擦干净，防止测量中产生误差。

步骤 2　测量直流 1 mA 时的直流电压 U_{1mA} 及 0.75 U_{1mA} 下的泄漏电流

测量 U_{1mA}，主要检查其阀片是否受潮，确定其动作性能是否符合要求。0.75 U_{1mA} 直流电压值一般比最大工作相电压（峰值）高一些，在此电压下主要检测长期允许工作电流是否符合规定，因为这一电流与避雷器的寿命有直接关系，一般在同一温度下泄漏电流与寿命成反比。0.75 U_{1mA} 下的泄漏电流应不大于 50 μA。

测量接线。采用 DHV－120 kV/4 mA 高压直流发生器组件，如图 5—8 所示。

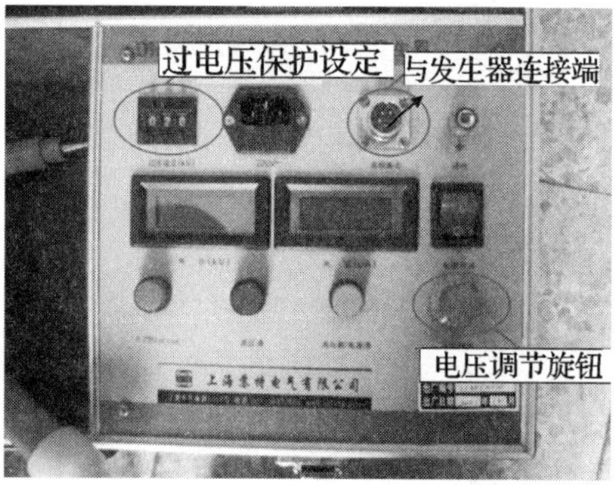

图 5—8　DHV－120 kV/4 mA 高压直流发生器组件

高压发生器如图 5—9 所示。

将设备连接好并可靠接地，然后拆除避雷器高压侧引线，将微安表高压出线接至避雷器高压侧，避雷器接地侧可靠接地。

打开控制器电源开关→电源通指示灯亮确认电压调节旋钮在零位→按下高压通带灯按钮→旋转电压调节旋钮至微安表显示电流值为 1 000 μA→记录电压值 U_{1mA}→按下 0.75 U_{DC1mA} 按钮→记录 U_{1mA} 下泄漏电流值→将旋钮回零→按下高压断

带灯按钮→关闭电源开关→用放电棒经放电电阻将设备放电→再将设备直接接地充分放电→试验结束。

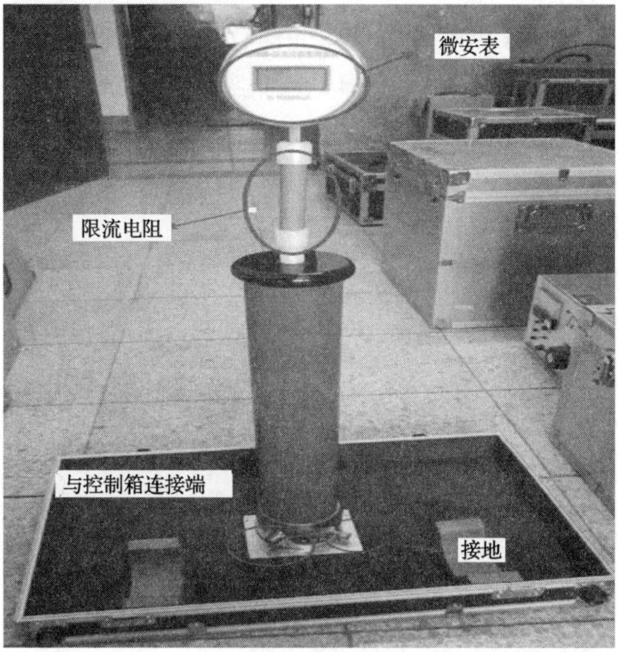

图 5—9　高压发生器

步骤 3　检查，汇报

（1）凡需操作的兆欧表及高压直流发生器需检查并校验无误后方可操作。

（2）若试验危及人身安全及设备安全运行，应立即停止操作并立即通知专业人员及时进行处理，不得拖延时间。

（3）操作完毕后对所做工作再次进行检查并填写试验报告。

注意事项

1. 准确读取 U_{1mA}。因泄漏电流大于 200 μA 以后，随着电压的升高，电流急剧增大，故应仔细地慢慢升压。

2. 为防止表面泄漏电流的影响，测量前应将表面擦拭干净。测量电流的导线应使用屏蔽线。

3. 加压时应高呼“加高压”提醒周边人员注意安全，并用红白带将高压区隔离，并派人监护。

理论知识复习题

一、判断题（将判断结果填入括号中。正确的填“√”，错误的填“×”）

1. 电气试验的目的就是通过一定的手段，依靠仪器设备，采用模拟的方法检验电气设备绝缘性能，及时发现其缺陷。（　　）

2. 电气设备的绝缘缺陷可分为两大类：第一类是整体性缺陷，第二类是单体性缺陷。（　　）

3. 绝缘试验为破坏性试验。（　　）

4. 破坏性试验也叫耐压试验。（　　）

5. 通常把绝缘以外的试验统称为特性试验。（　　）

6. 交流耐压试验是电气设备绝缘的重要试验项目，是考核和检查绝缘电气强度普遍采用的方法。（　　）

7. 预防性试验或交接试验时，为了确保人身安全和设备的正常运行，应在做好完备的安全措施后，才能开展试验工作。（　　）

8. 通常把绝缘以外的试验统称为特性试验。（　　）

9. 绝缘试验最基本的方法只有测量绝缘电阻。（　　）

10. 高压电气设备绝缘内部在制造过程中不可避免地存在一些气泡、杂质和缺陷等，经过一段时间的运行，随着绝缘材料的表面污秽积累、绝缘介质的老化，电气设备的绝缘性能会逐渐下降。（　　）

二、单项选择题（选择一个正确的答案，将相应的字母填入题内的括号中）

1. 电气设备的绝缘缺陷可分为两大类：第一类是整体性缺陷，第二类是（　　）。

A. 单体性缺陷　B. 局部缺陷　C. 个体性缺陷　D. 无缺陷

2. 属于非破坏性试验的有（　　）。

A. 局部放电　B. 耐压试验

C. 特性试验　D. 速度试验

3. 不属于非破坏性试验的有（　　）。

A. 变比试验　B. 色谱分析

C. 介质损耗　D. 电压分布

4. 介质在直流电压作用下，流过绝缘介质中的电流有（　　）种。

A. 1　B. 2　C. 3　D. 4

5. 为了缩短测量时间和便于比较，工程上一般用加压（　　）min 所测得之值作为绝缘电阻值。

A. 0.5　　B. 1　　C. 1.5　　D. 2

6. 在不同电压下局部放电的规律能显示（　　）。

A. 介质的损耗　　B. 介质的绝缘情况

C. 电气设备的绝缘情况　　D. 电气设备的绝缘特性

7. 局部放电的产生是因为（　　）。

A. 介质损耗的增加

B. 局部缺陷如气泡等的场强达到一定数值

C. 局部缺陷如气泡等达到一定数量

D. 局部气泡变大

8. 直流耐压试验是（　　）进行的。

A. 直接加到规定的试验电压　　B. 缓慢地加到规定试验电压

C. 先慢后快地加到实验规定电压　　D. 逐段升压

9. 当被试品绝缘体作用在交流电压下，其电压分布是（　　）。

A. 按电阻分布　　B. 按电感分布

C. 按电容分布　　D. 前三项的串联分布

10. 工频耐压试验是把一个高于正常工作电压的（　　）倍工频交流电压加在被测设备的绝缘体上，并持续一段规定的时间。

A. 2.5　　B. 3　　C. 3.5　　D. 4

理论知识复习题答案

一、判断题

1. √　2. ×　3. ×　4. √　5. √　6. √　7. √　8. √
9. ×　10. √

二、单项选择题

1. B　2. A　3. A　4. C　5. B　6. C　7. B　8. D
9. C　10. A

理论知识考试模拟试卷及答案

变电检修工（城轨）（四级）理论知识试卷

注 意 事 项

1. 考试时间：90 min。
2. 请首先按要求在试卷的标封处填写姓名、准考证号和所在单位的名称。
3. 请仔细阅读各种题目的回答要求，在规定的位置填写答案。
4. 不要在试卷上乱写乱画，不要在标封区填写无关的内容。

	一	二	总分
得分			

得　分	
评分人	

一、判断题（第 1 题 ~ 第 30 题。请将判断结果填在题后的括号中，正确的填“√”，错误的填“×”。每题 1 分，共 30 分）

1. 电力的生产、输送、分配和使用的全过程，是由发电厂、变电所、配电变压器和用户紧密联系起来的。（　）
2. 当操作变压器发生差动保护跳闸时，经一般检查无异常现象，可以试送一次。（　）
3. 连接在电力系统的一切用电设备所消耗的电能，称为电力系统的负荷。（　）
4. 所谓有功负荷就是这部分负荷所做的功是只对生产有用的功。（　）
5. 所谓无功负荷就是这部分负荷所做的功是只对生产没有用的功。（　）
6. 功率因数是实际消耗的功率与电力供给容量之比值。（　）

7. 车站商业用电电器种类繁多，会产生大量的谐波，损害供电的质量。（ ）

8. 使发电机、变压器及各种电力设备正常工作的电压，称为这些电力设备的额定电压。（ ）

9. 电力系统的额定电压就是电网的额定电压。（ ）

10. 城市轨道交通供电系统的主变 110 kV 侧因为运行时不接地，所以是不接地系统。（ ）

11. 变压器的工作接地线应使用裸导线。（ ）

12. 真空断路器的触头损坏应该及时拆开灭弧室检修。（ ）

13. 目前比较普遍使用的两类触头结构具有较高的开断能力，即横向磁场触头结构和纵向磁场触头结构。（ ）

14. 真空灭弧室应该经常检修或维护，这样可以延长使用寿命。（ ）

15. 具备自吹式灭弧室的 SF_6断路器，开断电流越大，灭弧效果越好。（ ）

16. 为了提高 SF_6断路器小电流时的灭弧性能，还需增加辅助设施。（ ）

17. 直流高速开关的保护跳闸和分闸是通过同一个分闸机构实现的。（ ）

18. 直流高速开关因电弧引起的损伤应该每六个月目测一次。（ ）

19. 角误差是指二次电流相量与一次电流相量之间的夹角 δ。（ ）

20. 运行中的变压器，当发现异常状况或经试验判明有内部故障时，应提前进行大修。（ ）

21. 地铁降压站电力变的速断保护是主保护。（ ）

22. 降压站不设 10 kV 母线差动保护。（ ）

23. 只要变压器 0.4 kV 开关跳闸，0.4 kV 母线失压，0.4 kV 分段开关就会自动合闸。（ ）

24. 封闭式电容式套管是为了避免内部绝缘油的氧化。（ ）

25. 测量局部放电是检验电器绝缘性能的一种好方法。（ ）

26. 交流耐压试验是非破坏性试验。（ ）

27. 蓄电池浮充电流异常增大说明蓄电池某些性能恶化。（ ）

28. 相控式磁饱和充电装置停止工作，如果排除充电装置本身故障以外，一般是蓄电池电能已经充满。（ ）

29. 蓄电池充电时电压不稳定的主要原因是蓄电池本身有质量问题。（ ）

30. 所谓磁饱和相控充电装置是指输入变压器的铁芯工作在饱和区段。

（ ）

二、单项选择题（第 1 题～第 70 题。选择一个正确的答案，将相应的字母填入题内的括号中，每题 1 分，共 70 分）

1. 操作继电保护装置时，应清楚（　　）。

A. 继电保护整定值　　　　　B. 停用的目的和对侧的保护状态

C. 继电保护装置的运行状态　D. 系统运行的参数

2. 在城轨牵引供电系统中，当停用直流高速开关继电保护装置时，一定先要停用（　　）。

A. 直流高速开关　　　　　　B. 触网

C. 整流器保护　　　　　　　D. 直流高速开关的联跳保护

3. 利用 35 kV 断路器进行 35 kV Ⅰ/Ⅱ段母线短时并列运行操作，分段断路器因后加速或过电流断开，此时应（　　）。

A. 再合闸一次

B. 经初步检查无异常现象，可再次送电一次

C. 停止操作

D. 不准将断开分段断路器再合上，应做相应的全面检查

4. 断路器操作时，如不能进行分合闸，说明分合闸回路有问题。这时应首先检查分合闸指示灯，（　　）。

A. 分闸前红灯应不亮，合闸前绿灯应不亮

B. 分闸前红灯应不亮，合闸前绿灯应亮

C. 分闸前绿灯应亮，合闸前红灯应亮

D. 分闸前红灯应亮，合闸前绿灯应亮

5. 运行中的断路器如发现有严重缺陷而不能跳闸的应（　　）。

A. 退出继电保护装置

B. 拉开断路器的直流操作电源

C. 拉开断路器的直流保护电源

D. 立即将断路器退出运行

6. 接入系统中的断路器由于某种原因造成 SF_6 下降，并且持续下降至低于规定值时应（　　）。

A. 可以对断路器进行停、送电操作

B. 严禁对断路器进行停电，但可以送电

C. 严禁对断路器进行送电，但可以停电

D. 严禁对断路器进行停、送电操作

7. 接入系统中的断路器由于某种原因造成 SF_6下降，断路器 SF_6压力异常并低于规定值时，应（　　）。

A. 立即将断路器退出运行　　B. 将继电保护装置退出运行

C. 拉开断路器的直流操作电源　D. 拉开断路器的直流保护电源

8. 变压器的差动保护能反映变压器的（　　）故障。

A. 外部　　B. 母线　　C. 铁芯　　D. 内部

9. 对于 SF_6开关发出气体压力报警时（此时开关已被闭锁），应（　　）。

A. 拉开此断路器，并将其退出运行

B. 拉开断路器的直流操作电源

C. 将继电保护装置退出运行

D. 立即拉开次开关的上一级断路器

10. 如果合闸逻辑条件满足，遥控不能分合闸时首先应检查（　　）。

A. 分合闸控制继电器　　B. 分合闸控制电路

C. 遥控模块的输出信号　　D. 遥控模块的信号指示灯

11. 当断路器的 SA 在分闸后位置时，发现红绿灯均不亮，但断路器实际位置在合上状态，则表示由于（　　）原因不能分闸。

A. 断路器操作机构　　B. 分闸回路断线

C. 合闸回路断线　　D. 指示灯故障

12. 如果遥控操作时，合闸逻辑条件满足，遥控模块信号指示灯显示正常，断路器仍然不能分合闸，此时应该（　　），以此初步判断故障在哪一个系统中。

A. 人工电动合闸　　B. 检查分合闸控制继电器

C. 检查控制电源　　D. 检查分合闸控制电路

13. 对于人工电动不能合闸的断路器检查的内容有：①合闸逻辑条件；②操作控制电源；③合闸控制回路；④合闸控制继电器；⑤机械机构。它们的正确的检查顺序是（　　）。

A. ①②③④⑤　　B. ①④③⑤②

C. ①⑤②④③　　D. ①④②③⑤

14. 对于人工电动不能合闸的断路器，一般来说（　　）。

A. 遥控也不能合闸　　B. 遥控能合闸

C. 遥控故障　　D. 以上三个都不是

15. 合闸控制回路的防跳继电器的作用是（　　）。

A. 防止合上了以后再次跳开

B. 防止跳开了以后再次合上

C. 防止合于故障后跳开了再次合上

D. 防止跳开了后再次合于故障

16. 隔离开关合闸不到位，主要是检修调试时未调试好或隔离开关（　　）现象等引起的。

A. 操作机构有卡涩　　B. 二次回路故障

C. 储能机构有卡涩　　D. 以上都不对

17. 隔离闸刀合闸不到位，应（　　）。

A. 立即停止，进行检查

B. 立即停止，等待检修

C. 立即停止，汇报电调，等候命令

D. 重新合闸一次

18. 对于人工电动合不到位的隔离闸刀，应（　　）。

A. 立即停止，进行检查

B. 立即停止，等待检修

C. 立即停止，汇报电调，等候命令

D. 人工手动摇合闸刀

19. 母线隔离闸刀电动操作失灵时应检查的内容：①断路器操作电源正常；②断路器母线侧接地开关动断副触点应闭合；③断路器母线侧接地开关已拉开；④本回路断路器动断副触点应闭合；⑤本回路断路器三相均在拉开位置；⑥隔离闸刀位置开关应接通，机构本身应无故障；⑦近控、远控停止按钮应接通；⑧分闸或合闸接触器应完好。正确的检查顺序是（　　）。

A. ①③⑧④⑤②⑥⑦　　B. ⑤③①④②⑦⑧⑥

C. ④①②⑦③⑤⑧⑥　　D. ⑤①⑧②③⑦④⑥

20. 牵引直流供电系统的整流器正极闸刀电动操作失灵时应检查（　　）。

A. 整流变 35 kV 开关已断开　　B. 整流器负极闸刀已合闸

C. 四台直流高速开关已合闸　　D. 整流变 35 kV 开关动断副触点应打开

21. 金属氧化物避雷器又称（　　）。

A. FS 系列避雷器　　B. FZ 系列避雷器

C. 磁吹式避雷器　　D. 氧化锌避雷器

22. 同等级额定电压下，金属氧化锌避雷器的冲击放电电压要比普通阀型避雷器的（　　）。

A. 低　　B. 高　　C. 相等　　D. 不确定

23. 在金属氧化锌避雷器中工频电弧能够自行熄灭的主要原因是（　　）。

A. 没有间隙　　B. 残压低

C. 通流能力好　　D. 氧化锌阀片大阻值的限流作用

24. 变压器中性点接地属于（　　）接地。

A. 工作　　B. 防静电　　C. 保护　　D. 防雷

25. 电气装置的金属外壳接地属于（　　）接地。

A. 工作　　B. 防静电　　C. 保护　　D. 防雷

26. 三相交流电力系统的中性点直接接地属于（　　）接地。

A. 工作　　B. 防静电　　C. 保护　　D. 防雷

27.（　　）总称接地装置。

A. 接地线　　B. 接地体　　C. 接地排　　D. 接地线和接地体

28. 下列（　　）属于自然接地体。

A. 大楼避雷带接地体　　B. 设备外壳接地体

C. 自来水管道　　D. 煤气管道

29. 避雷接地和保护接地都是人员和设备安全的保障，两者的接地装置应该（　　）。

A. 合并为一，再接地　　B. 分别接地

C. 分别接地，并相连　　D. 前三项都可以

30.（　　）是指电流经过接地体进入大地并向周围扩散时所遇到的电阻。

A. 绝缘电阻　　B. 接地电阻　　C. 静电电阻　　D. 漏电电阻

31. 以下（　　）不是决定接地电阻大小的因素。

A. 接地装置的结构和尺寸　　B. 接地装置埋入地下的深度

C. 接地电流的大小　　D. 当地的土壤电阻率

32. 接地电阻是（　　）。

A. 接地线的电阻

B. 接地体的电阻

C. 接地线电阻、接地体电阻和土壤电阻

D．接地线电阻和接地体对地电阻的总和

33．电容元件在电容器内组合时，应满足额定容量和额定电压的要求，通常采用（　　）。

A．横排　　B．竖排　　C．并排　　D．倾斜

34．电容器的铝箔是（　　）。

A．介质　　B．引出线　　C．载流导体　　D．外壳

35．电容的引出线和（　　）相连。

A．电极　　B．外壳　　C．紧固件　　D．套管

36．当电容器出现异常或故障时，应停电检查并进行试验，检查试验前应对电容器（　　）并做好安全措施，以保证人身安全。

A．逐台进行充分放电　　B．逐台进行停电

C．逐台进行充电　　D．逐台不需要放电

37．当发现电容器的熔断器容断后，应该（　　）。

A．更换熔断器　　B．扩大熔断器的容量

C．检查线路是否过负荷　　D．对电容器进行检查和电气试验

38．当发现电容器的外壳有变形及膨胀现象后，应该（　　）。

A．更换电容器　　B．扩大电容器的容量

C．检查线路是否过负荷　　D．对电容器进行检查和电气试验

39．整流器由（　　）三相电桥组成。

A．一个　　B．两个　　C．三个　　D．四个

40．整流器输出为 24 脉波，其两台并联的整流变压器低压侧输出电压相角相差（　　）。

A．7.5°　　B．15°　　C．30°　　D．24°

41．牵引站电流型框架保护动作后，引起跳闸的开关有（　　）。

A．整流变 35 kV 开关　　B．35 kV 进线开关

C．35 kV 出线开关　　D．邻站所有直流高速开关

42．地铁降压站 10 kV 进线开关的零序保护可以作为（　　）。

A．本站电力变单相接地保护　　B．本站电力变的主保护

C．邻站进线的远后备保护　　D．邻站进线的主保护

43．开关进出线保护有（　　）整定值供选择，调度可根据实际运行方式对整定值组进行切换，在有些线路中甚至可以做到根据运行方式自动调整定值组。

A. 一组　　B. 二组　　C. 三组　　D. 四组

44. 降压站 10 kV 进线定时限过流保护可以作为（　　）。

A. 10 kV 进线主保护　　B. 10 kV 进线后备保护

C. 下一降压站进线的主保护　　D. 下一降压站的后备保护

45. 通过进出线、母联等开关柜装设的（　　）已能担负起对母线的保护功能，因此 10 kV 母线没有专门装设母线差动保护。

A. 10 kV 进线主保护　　B. 10 kV 进线后备保护

C. 过流和速断保护　　D. 母线差动保护

46. 地铁降压站 10 kV 进线开关速断保护可以作为（　　）。

A. 10 kV 线路保护　　B. 10 kV 母线保护

C. 电力变的过负荷保护　　D. 电力变的后备保护

47. 地铁某一降压站 10 kV Ⅰ/Ⅱ端母线失压，10 kV 分段开关（　　）。

A. 会自切　　B. 不会自切

C. 自切后再跳闸　　D. 不确定

48. 10 kV Ⅰ/Ⅱ段母线失压，变压器（　　）kV 开关会跳闸。

A. 10　　B. 35　　C. 110　　D. 400

49. 如果 10 kV Ⅰ段母线失压，0.4 kV 分段开关（　　）自动合闸。

A. 在变压器 0.4 kV 开关跳闸后　　B. 立即

C. 在变压器 0.4 kV 开关跳闸前　　D. 在变压器 10 kV 开关跳闸后

50. 能和变压器 10 kV 开关形成联跳关系是（　　）开关。

A. 10 kV 进线　　B. 10 kV 联络

C. 变压器 0.4 kV　　D. 0.4 分段

51. GIS 断路器必须能够耐受（　　）的作用。

A. 雷电过电流　　B. 操作过电压

C. 短时过电流　　D. 感应过电压

52. 电容式套管的内部绝缘中，由（　　）构成多层电极，组成很多个圆柱电容器。

A. 铜　　B. 铝　　C. 矽钢片　　D. 锡箔

53. 电容型套管分胶纸电容式和油纸电容式两种，以（　　）芯子作主绝缘。

A. 铜　　B. 电阻　　C. 快熔　　D. 电容

54. 电容式套管内的多个圆柱电容器的作用是（　　）。

A. 提高电容量　　B. 降低过电压

C. 使绝缘层上所受电场均匀　　D. 吸收涌流

55. 直流泄漏电流试验中所用的直流电源由（　　）整流设备供给。

A. 高压　　B. 低压　　C. 中压　　D. 前三项都可以

56. 在不同的电压下局部放电的规律能显示（　　）。

A. 介质的损耗　　B. 介质的绝缘情况

C. 电气设备的绝缘情况　　D. 电气设备的绝缘特性

57. 局部放电的产生是因为（　　）。

A. 介质损耗的增加

B. 局部缺陷如气泡等的场强达到一定数值

C. 局部缺陷如气泡等达到一定数量

D. 局部气泡变大

58. 直流耐压试验是（　　）进行的。

A. 直接加到规定的试验电压

B. 缓慢地加到规定试验电压

C. 先慢后快地加到试验规定电压

D. 逐段升压

59. 当被试品绝缘体在交流电压作用下，其电压分布是（　　）。

A. 按电阻分布　　B. 按电感分布

C. 按电容分布　　D. 前三项的串联分布

60. 工频耐压试验是把一个高于正常工作电压（　　）倍的工频交流电压加在被测设备的绝缘体上，并持续一段规定的时间。

A. 2.5　　B. 3　　C. 3.5　　D. 4

61. 当蓄电池浮充电流异常增大应立即调低浮充电流在（　　）A 之内，并检查每一节蓄电池有无失水、膨胀、壳体发热、有无酸雾逸出等，及时排除酸雾。

A. 1　　B. 2　　C. 3　　D. 4

62. 当磁饱和充电装置停止工作后应（　　）。

A. 设法立即启用备用充电装置对蓄电池进行充电，不可中断

B. 首先对蓄电池进行检查，排除蓄电池本身问题，然后才可启用备用充电装置进行充电

C. 首先对充电装置进行检查，排除充电装置故障，然后才可启用备用充电装置进行充电

D．首先对充电装置进行检查，再对蓄电池进行检查，查处故障点，然后才可启用备用充电装置进行充电

63．相控式磁饱和充电装置停止工作主要原因有（　　）。

A．蓄电池电能已经充满　　B．充电装置故障

C．浮充机故障　　D．直流输出回路有接地现象

64．相控式磁饱和充电装置停止工作主要原因有（　　）。

A．蓄电池电能已经充满　　B．蓄电池回路接触压降过大

C．浮充机故障　　D．直流输出回路跳闸

65．蓄电池充电时电压不稳定，主要原因是（　　）。

A．蓄电池本身性能问题　　B．充电装置问题

C．外部电压波动问题　　D．直流系统有接地现象

66．充电机输出波纹大应检查（　　）。

A．外电路电压波动情况　　B．相控式充电装置触发回路

C．直流输出回路有无接地现象　　D．蓄电池本身

67．蓄电池充电时电压不稳定，应检查（　　）。

A．外部电压有无波动　　B．蓄电池本身质量有无问题

C．相控式充电装置触发回路　　D．直流系统有无接地现象

68．所谓磁饱和相控充电装置是指输入变压器的铁芯工作在（　　）区段。

A．上升　　B．下降　　C．平稳　　D．饱和

69．磁饱和相控充电装置是依靠调节（　　），使经整流后输出直流电压随之变化，满足调整直流电压输出的要求。

A．变压器的一次侧交流电压　　B．变压器的二次侧交流电压

C．整流二极管的导通角　　D．整流器交流端电压

70．变压器铁芯在饱和工作区段时，微小的磁感应强度变化，会产生（　　）变化。

A．微小的磁场强度　　B．很大的磁场强度

C．一般的磁场强度　　D．不确定

变电检修工（城轨）（四级）
理论知识试卷答案

一、判断题

1. ×	2. ×	3. ×	4. √	5. √	6. √	7. √	8. √
9. √	10. ×	11. ×	12. ×	13. √	14. ×	15. √	16. √
17. ×	18. √	19. ×	20. √	21. √	22. √	23. ×	24. √
25. √	26. ×	27. √	28. ×	29. ×	30. √		

二、单项选择题

1. B	2. D	3. D	4. D	5. B	6. D	7. C	8. D
9. D	10. D	11. A	12. A	13. D	14. A	15. C	16. A
17. D	18. D	19. B	20. A	21. D	22. A	23. D	24. A
25. C	26. A	27. D	28. C	29. B	30. B	31. C	32. D
33. B	34. C	35. A	36. A	37. D	38. A	39. B	40. A
41. A	42. C	43. B	44. B	45. C	46. B	47. B	48. D
49. A	50. C	51. B	52. D	53. D	54. C	55. A	56. C
57. B	58. D	59. C	60. A	61. A	62. B	63. D	64. B
65. B	66. B	67. C	68. D	69. C	70. B		

操作技能考核模拟试卷

注 意 事 项

1. 考生根据操作技能考核通知单所列的试题，做好考试准备。

2. 请考生仔细阅读试题单中具体考核内容和要求，并按要求完成操作。

3. 操作技能考核时要遵守考场纪律，服从考场管理人员指挥，以保证考核安全顺利进行。

注：操作技能鉴定试题评分表及答案是评考员对考生考核过程及考核结果的评分记录表，也是评分依据。

国家职业资格鉴定
变电检修工（城轨）（四级）操作技能考核通知单

姓名：

准考证号：

考核日期：

试题 1

试题代码：1. 1. 1。

试题名称：35 kV（或 0. 4 kV）断路器四种运行状态的调整。

考核时间：15 min。

配分：40 分。

试题 2

试题代码：2. 2. 4。

试题名称：SCADA 遥信遥测信号核对。

考核时间：15 min。

配分：30 分。

试题 3

试题代码：3. 2. 5。

试题名称：直流屏报警器（ZC－23）故障检修。

考核时间：15 min。

配分：30 分。

变电检修工（城轨）（四级）操作技能鉴定
试　题　单

试题代码：1.1.1。

试题名称：35 kV（或0.4 kV）断路器四种运行状态的调整。

考核时间：15 min。

1. 操作条件

变电站35 kV（或0.4 kV）开关设备在冷备用状态。

2. 操作内容

（1）模拟图预演，现场确认应操作的开关、刀闸等设备位置，并进行唱票、复颂、倒闸操作。

（2）选择、检验所用的验电器，并正确使用。

（3）利用三位置接地闸刀接地，并正确使用。

（4）倒闸操作。

3. 操作要求

（1）倒闸操作所发布的命令为任务制。

（2）倒闸操作按规程要求进行。

变电检修工（城轨）（四级）操作技能鉴定试题评分表

试题代码及名称			1.1.1 35 kV（或0.4 kV）断路器四种运行状态的调整		考核时间					15 min
评价要素		配分	等级	评分细则	评定等级					得分
					A	B	C	D	E	
1	填写操作票	10	A	能正确完成						
			B	错一项						
			C	错两项						
			D	—						
			E	错三项以上						
2	模拟图预演	10	A	能正确完成						
			B	错一项						
			C	错两项						
			D	—						
			E	错三项以上						
3	倒闸操作	20	A	能正确完成						
			B	错一项						
			C	错两项						
			D	—						
			E	错三项以上						
合计配分		40	合计得分							

考评员（签名）：

等级	A（优）	B（良）	C（尚可）	D（较差）	E（差或未答题）
比值	1.0	0.8	0.6	0.2	0

“评价要素”得分 = 配分 × 等级比值。

变电检修工（城轨）（四级）操作技能鉴定
试　题　单

试题代码：2. 2. 4。

试题名称：SCADA 遥信遥测信号核对。

考核时间：15 min。

1. 操作条件

（1）继电保护装置正常工作。

（2）中央信号屏信号正常。

2. 操作内容

（1）查阅 SCADA 点表了解遥信、遥测点。

（2）根据二次图样找出遥测信号输入接点。

（3）根据二次图样及中央信号屏图样找出遥信接点。

（4）正确使用继电保护测试仪校对 SCADA 遥测信号。

3. 操作要求

（1）正确使用短接线发信校对 SCADA 遥信信号。

（2）正确使用继电保护校验仪校对 SCADA 遥测信号。

（3）正确使用继电保护测试仪并正确接线。

变电检修工（城轨）（四级）操作技能鉴定试题评分表

试题代码及名称			2.2.4 SCADA 遥信遥测信号核对		考核时间					15 min
评价要素		配分	等级	评分细则	评定等级					得分
					A	B	C	D	E	
1	正确使用短接线发信校对 SCADA 遥信信号	10	A	能根据二次图样正确短接输出接点的						
			B	错一个						
			C	错两个						
			D	—						
			E	错两个以上						
2	正确使用继电保护校验仪校对 SCADA 遥测信号	10	A	正确输出遥测信号的						
			B	错一个						
			C	错两个						
			D	—						
			E	错两个以上						
3	正确使用继电保护测试仪并正确接线	10	A	都能正确接线的						
			B	错一个						
			C	错两个						
			D	—						
			E	错两个以上						
合计配分		30	合计得分							

考评员（签名）：

等级	A（优）	B（良）	C（尚可）	D（较差）	E（差或未答题）
比值	1.0	0.8	0.6	0.2	0

“评价要素”得分 = 配分 × 等级比值。

变电检修工（城轨）（四级）操作技能鉴定
试 题 单

试题代码：3.2.5。

试题名称：直流屏报警器（ZC－23）故障检修。

考核时间：15 min。

1. 操作条件

（1）直流屏正常运行。

（2）直流屏音响报警器（ZC－23）报警。

2. 操作内容

（1）上机检查故障。

（2）万用表检查排故。

3. 操作要求

（1）检修操作不得影响其他设备运行。

（2）检修操作不得扩大故障范围。

变电检修工（城轨）（四级）操作技能鉴定试题评分表

试题代码及名称		3.2.5 直流屏报警器（ZC－23）故障检修			考核时间					15 min
评价要素		配分	等级	评分细则	评定等级					得分
					A	B	C	D	E	
1	电路检查分析	10	A	检查项目准确、检查步骤正确						
			B	检查项目与步骤漏或错一处						
			C	检查项目与步骤漏或错两处						
			D	—						
			E	检查项目与步骤漏或错两处以上						
2	上机检查故障	10	A	能检查、会分析、判断准						
			B	检查、分析、判断错一处						
			C	检查、分析、判断错两处						
			D	—						
			E	检查、分析、判断错两处以上						
3	万用表检查	10	A	检查步骤正确、检查方法正确						
			B	检查步骤与方法漏或错一处						
			C	检查步骤与方法漏或错两处						
			D	—						
			E	检查步骤与方法漏或错两处以上						
合计配分		30	合计得分							

考评员（签名）：

等级	A（优）	B（良）	C（尚可）	D（较差）	E（差或未答题）
比值	1.0	0.8	0.6	0.2	0

“评价要素”得分＝配分×等级比值。